경찰·경호·국방무예 지도자 참고서

전통 황제 합기도 무예 기본 자세에서 난이도 높은 호신 기법까지 수록!!

대한민국 전통무예·한민족 오천년 무예 역사의 보감

황제 합기도 대백과

合氣道

합기도(合氣道) 삼법(三法)
- 적을 제압하는 **살법(殺法)**
- 다친자를 회복시키는 **활법(活法)**
- 사람들과 함께 사는 철학 **인법(人法)**

하늘의 천기와 땅의 지기와 복하단전의 인기를 모아 맨몸과 무기술로 자유자재로 공격과 방어를 하는 신비의 전통무예 합기도!

사단법인 대한민국합기도중앙협회
총 재 /철학박사 Ph.D. **염 장 호** 교수

도서출판 **조은**

황제 합기도 대백과

인쇄일   2022년 3월 31일
발행일   2022년 3월 31일

지은이   염장호 교수
발행인   김화인
펴낸곳   도서출판 조은
편집인   김진순
주소   서울시 중구 을지로20길 12 대성빌딩 405호(인현동)
전화   (02)2273-2408
팩스   (02)2272-1391
출판등록 1995년 7월 5일 신고번호 제1995-000098호
ISBN   979-11-91735-25-3
정가   30,000원

♠ 잘못된 책은 바꾸어 드리겠습니다
♠ 이 책의 내용은 신저작권법에 의하여 국제적으로 보호받고 있습니다.
♠ 전재 및 복제를 할 수 없습니다.

● 책을 내면서 ●

총재 **염 장 호** 철학박사 Ph.D.

- 美 Havard University Completion n of John F. Kennedy School of Goverment
- 월남안케페스 638고지 탈환작전 특공대장(국가유공자)
- 한민대학교 경찰행정학과 초빙교수 역임
- 한양대학교사회교육원 경찰행정학과 주임교수 역임
- 경찰무도 지도위원 역임
- 경찰대학교 외래 교수 역임
- 경찰집회시위 자문위원 역임
- 중앙경찰학교 외래 교수 역임
- 제14대 김영삼 대통령 후보 경호단 간부 역임
- 광복회 회장 박시창 장군 비서 역임
- 경찰시사정보신문사 대표 발행인 (현)
- 공안사법연구소 소장 (현)
- 경찰청 교경중앙협의회 중앙위원 목사 (현)
- 대한경호학회 회장 (현)
- 사단법인 대한민국합기도중앙협회 총재 (현)

사랑하는 합기도 회원여러분!

대우주의 역사 66억년과 위대한 인류를 탄생시킨 48억년 지구의 역사 속에 전통적으로 계승 발전되어 온 인간 최고의 정통 합기도 기법을 황제 합기도대백과를 통해 보급하게 된 것을 합기도 가족 여러분 모두에게 그 영광을 돌립니다. 그리고 진심으로 축하드립니다.

박제로 만들어진 호랑이나 잘 그린 포효하는 맹호의 그림을 보고 호랑이의 위용을 추상적으로 평가하듯이 인간 최고의 무예인 합기도 기법은 득도한 수도자들의 종교와 같은 성자의 신비스러움으로 30세기를 향한 감동의 새 비전을 제시할 세계문화유산으로 잘 보존되어야 할 것입니다.

일류 학자들의 말씀으로 전하는 한민족의 일만 이천 년의 역사와 그리고 교과서적 근원인 단군 시조의 오천년 역사 속에 전래되어 온 고구려국의 조의선인, 백제국의 무사, 신라국의 화랑도님들의 얼을 계승한 전통 무예 교육 만년 미래의 방향을 제시하고자 황제 합기도대백과를 발간하게 되었습니다.

단군 왕검으로부터 시작하여 삼국시대를 거쳐 정립되어 전수되어 온 합기도 기법 중 기초에서 유단자 과정까지 합기도 술기를 일부 발췌하여 수록한 것이며, 일선 수련도장 사범들과 각급 기관, 사범교육 지침으로서는 물론 처음 합기도를 접하는 회원과 전문가, 여성호신술 지침서로 폭넓게 보급되길 진심으로 바라며, 근세의 합기도의 뿌리를 심어주신 존경하는 지한재 선생님, 김무홍 선생님, 서인혁 선생님에게도 진심으로 존경과 경의를 표합니다.

아직 합기도를 배우지 않은 많은 사람들에게 황제 합기도 대백과를 권하며 합기도를 배워 자신의 몸을 지키고 몸의 기를 실어 자신의 호신술과 용기를 넣어 항상 임전무퇴의 승리의 인생을 살아갈 수 있으면 더욱 좋겠습니다.

평소 합기도의 명예를 걸고 후진 양성을 위해 눈물겹도록 아름다운 정성으로 정말로 수고가 많으신 일선도장의 사범님들과 경찰무예, 경호무예, 국방무예, 공안무예 지도사범님들을 비롯한 기술위원장 문희복 교수님, 집필 위원 설지환 교수님, 편집 위원장 이성근 교수님과 산인편집고문 회장 바동효님, 회장 유명종님, 회장 고순생님, 회장 서진헌님, 회상 이님석님, 회상 박송임님, 회상 인빙석님,

집필위원장 회장 강형근님, 집필위원 염건령 박사님, 김기호 교수님, 조용운 박사님, 배영숙 이사님, 류제환 이사님, 홍만기 교수님, 심희권 회장님, 이정석 회장님, 강철호 이사님, 변영호 이사님,

기술지도위원 백영현 이사님, 최현주 회장님, 최정락 회장님, 정학천 회장님, 박정환 교수님, 양덕열 교수님, 정종광 위원장님, 이대현 위원장님, 최영무 위원님, 송정훈 위원, 김이택 위원, 박정남 위원, 최승원 위원, 김정철 위원, 송상현 위원, 주진식 위원, 편집위원회 부위원회 장현숙 박사, 박영미 교수, 편집위원 박지아나 교수, 박성애 박사, 노미순 사범, 곽연수 간사, 강음미 사범님과 시범단 여러분과 함께한 모든 분들에게 감사의 말씀을 전합니다.

또한 한국 출판계의 선도적 입지에서 역할을 다하는 평소 존경하는 도서출판 조은 김화인 대표이사님과 김진순 팀장님, 편집부 직원 여러분들의 협력에 정중하게 머리숙여 감사와 경이의 인사를 전해 드립니다.

먼 훗날 자랑스런 후손들에게 훌륭한 문화유산으로 평가 받도록 더욱 열심히 노력하겠습니다.

항상 존경하는 합기도 가족 여러분의 건강과 위대한 소원이 그리고 가정의 행운이 진실로 님을 보호하는 하나님의 그 크신 영광과 함께 하시기를 진심으로 기원합니다.

사단법인 대한민국합기도중앙협회

총재 / 철학박사 염장호 교수

사단법인 대한민국 합기도 중앙 협회가

염 장 호 작사
링컨 북군의 행진곡

독수 리가 백두대간 힘-차게 나른다 호랑이가 낙낙장송 푸른숲을 달린다
동해 바다 푸른파도 서해바다 흰물결 한라산의 넓은초원 백두대간 소나무

합기 도의 대희망을 우리들이 만든다 합기도 큰 뜻 을
합기 도의 대희망이 내가 섰는 눈앞에 곧 펼쳐지리 라

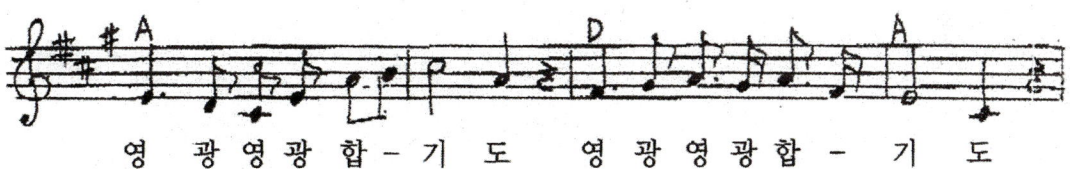

영광 영광 합-기 도 영광 영광 합-기 도

영광 영광 세계 속에 대한민국 합기도 중앙협 회

총재 철학박사 Ph.D. 염장호 교수

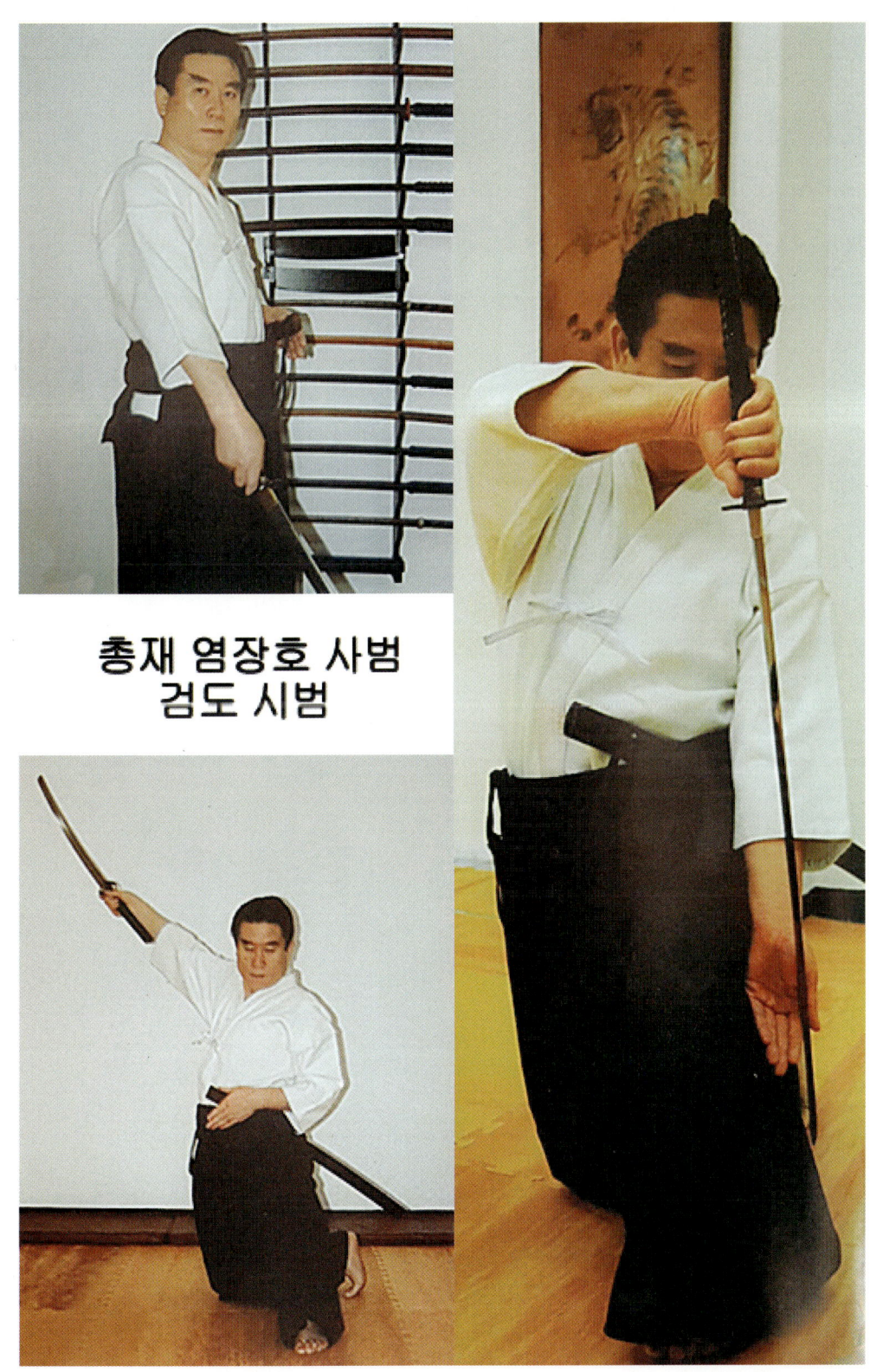

총재 염장호 사범
검도 시범

전쟁 기념관 행사 지휘관연대장 염장호

베트남 파병 무도사범 염장호

총재 염장호 사범

해병OO 부대장님과 임원들의 만찬

제OO탱크부대 임원들의 시승식

제2 작전사령부 방문

김종필 국무총리 예방

박정희 대통령은 1972년 5월29일 월남 안케 전투에서 수훈을 세운 27명의 주월맹호 장병을 청와대로 맞아 격려했다.

KBS TV뉴스 인터뷰 장면

자동차 끌기 차력시범

돌 격파 시범

양발 벌려차기 족술 시범

일본 마이니찌 TV 출연 시범

영장호 총재의 경찰무도사범 지도장면

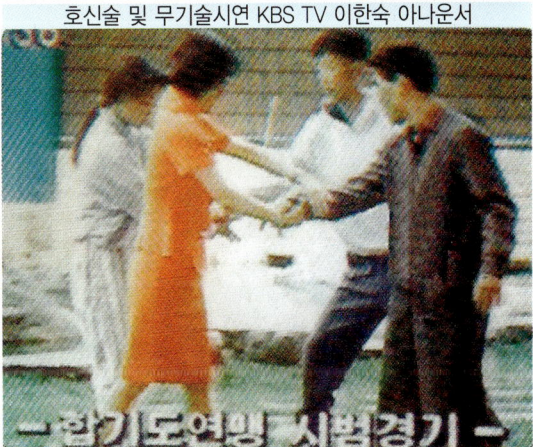

일본 마이니찌 TV 시범
헬로 올림픽 한국의 이모저모

호신술 및 무기술시연 KBS TV 이한숙 아나운서

— 합기도연맹 시범경기 —

KBS 생방송 전국은 지금 염장호 총재의 양인처리술 장면

김일생 병무청장, 남재준 국가정보원장, 염장호 총재

박희태 국회의장과 염장호 총재

김영삼 대통령과 염장호 총재

상임고문
박시창 장군 /
광복회 회장
상해 임시정부
박은식 대통령 아들

무풍지대 영화주인공 유지광 선생님과 함께

드라마 무풍지대 주인공 유지광 선생님
※ 무언의 의리를 가르쳐 주신 분

상임고문(전) 원희룡 제주도지사
검사, 변호사, 국회의원, 사법고시 수석

일본 천리대학 합기도부

21세기 정보과학 학술 세미나 - 한국문화예술신학교

(전)명예총재 정우택 국회의원
충청북도 도지사(전) 해양수산부 장관(전)

정세균 국회의장 (국무총리)와 함께

Bethany Theological Seminary 교육학박사 Ph.D. 수여식

철학박사 Ph.D. 수여식

사단법인 대한민국합기도중앙협회
02) 2642-1460

"대회 임원들의 힘찬 결의"

황제 합기도 대백과 제작기념

강음미 사범, 백영현 이사, 이성근 교수, 염장호 총재, 문희복 교수, 설지환 교수, 설재훈, 염정현

염장호 총재, 백영현 이사, 강철호 이사, 이성근 교수, 문희복 교수, 설지환 교수, 조용운 회장

상임편집고문

원로사범 **박동호** 회장

원로사범 **유명종** 회장

원로사범 **조용운** 박사

원로사범 **고순생** 회장

원로사범 **서진헌** 회장

원로사범 **이남식** 회장

집필위원장 강형근
대한경호학회 이사
사회복지학 석사
사회복지사 2급
공안사법연구소 범죄학 연구위원
(사)대한민국합기도중앙협회 회장

집 필 위 원

염건령 박사

설지환 박사

박종임 회장

김기호 교수

변영호 이사

배영숙 이사

류제환 이사

홍만기 교수

심희권 회장

이정석 회장

강철호 이사

안영식 회장

편 집 위 원

편집위원장 이성근
한민대학교 경찰행정학과 졸업(법학사)
서울한영대학교 대학원 상담심리학과 석사
(사)대한민국합기도중앙협회 조직위원장
대한경호학회 정회원
공안사법 연구소 범죄학연구위원
경찰시사정보신문 논설위원
중앙연수원 교수

부위원장
장현숙 박사

부위원장
박영미 교수

편집위원
박지아나 교수

편집위원
박성애 박사

편집위원
노미순 사범

편집위원
곽연수 간사

기술지도위원

기술지도위원장 문희복
합기도 공인9단
철학박사 Ph.D.
용인대학교 학사, 석사
대한신학대학원 대학교 박사
인천광역시 협회 회장
경찰시사 정보신문사 이사/기자

백영현 이사

최현주 회장

최정락 회장

정학천 회장

박정환 교수

양덕열 교수

정종광 위원장

이대현 위원장

송정훈 위원

김이택 위원

박정남 위원

최승원 위원

김정철 위원

송상현 위원

최영무 위원

주진식 위원

사단법인 대한민국합기도중앙협회 시범단

시범단 단장
강음미 사범

오준석

홍준혁

안다희

염정현

백상훈

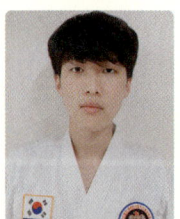
설재훈

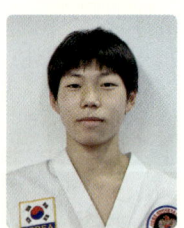
인종수

정세인

엄한비

김부권

은희준

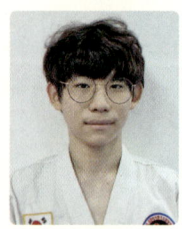
이주연

조현빈

이동현

이유진

이상현

황제 합기도 대백과

차 례

책을 내면서 ·· 3
대한민국 합기도 중앙 협회가 ··· 5
화보 ··· 6
집필 및 편집위원 ··· 19
시범단 ··· 22

제1편 • 합기 총론

- 황제합기도란 ······································· 26
- 황제합기도 삼법 ································· 28
- 황제합기도 5예 ··································· 28
- 황제합기도 10계훈 ····························· 28
- 급소란 무엇인가? ······························· 29
- 급소도 ·· 29
- 황제합기도 기합의 목적 ···················· 30
- 낙법의 목적 ·· 30
- 음(陰)과 양(陽) ···································· 30
- 합기도 도인 강령 ······························· 30

제2편 • 초급편

제1장 예법 및 자세 ····························· 32
제2장 강기법 ·· 37
제3장 전환법 ·· 40
제4장 합기 원리론 ······························· 43
제5장 송죽권법 ···································· 46
제6장 합기도 족술 ······························· 65
제7장 하체속공술 ································ 81
제8장 낙법 ·· 85
제9장 수양권법 ···································· 90
제10장 비상격기술 ······························· 92
제11장 기본공격술 ······························· 98

제3편 • 중급편

- 제1장　손목수 …………………………………… 106
- 제2장　상·하수기 ……………………………… 112
- 제3장　맥문사상권법 …………………………… 118
- 제4장　맥문사상족기법 ………………………… 124
- 제5장　금강권법방권술 ………………………… 130
- 제6장　속결족방권술 …………………………… 136
- 제7장　몸잡기퇴치법 …………………………… 142
- 제8장　의복술 …………………………………… 153
- 제9장　접합선술 ………………………………… 164
- 제10장　국무형 …………………………………… 170
- 제11장　복식 족술 ……………………………… 180

제4편 • 상급편

- 제1장　쌍수퇴치법 ……………………………… 186
- 제2장　관절기 …………………………………… 192
- 제3장　연행술 …………………………………… 198
- 제4장　합기유술 ………………………………… 204
- 제5장　비검방권술 ……………………………… 210
- 제6장　고공족술 ………………………………… 216
- 제7장　합기 1·2형 ……………………………… 219
- 제8장　연속족술 1·2형 ………………………… 227

제5편 • 유단자편

- 제1장　좌기 ……………………………………… 232
- 제2장　와기 ……………………………………… 238
- 제3장　단봉술 …………………………………… 244
- 제4장　단장술 …………………………………… 250
- 제5장　용추술 …………………………………… 256
- 제6장　양인처리술 ……………………………… 262
- 제7장　합기 3형 ………………………………… 268
- 제8장　연속족술 3형 …………………………… 273

황제활법보감 …………………………………… 277
검도 ……………………………………………… 311

제1편
합기 총론

合氣道

- 황제합기도란?
- 황제합기도 삼법
- 황제합기도 5예
- 황제합기도 10계훈
- 급소란 무엇인가?
- 급소도
- 황제합기도 기합의 목적
- 낙법의 목적
- 음(陰)과 양(陽)
- 합기도 도인 강령

강음미 사범의 호신술 시연

황제합기도(皇帝合氣道)란?

　황제합기도(皇帝合氣道)무예(武藝)는 민족(民族) 고유(固有)의 무예(武藝)로서 한민족(韓民族)의 얼과 슬기가 깃든 민속적(民俗的)인 한국(韓國)의 전통무예(傳統武藝)이며 본 황제합기도는 고구려국(高句麗國)의 조의선인(皁衣仙人) 백제국(百濟國)의 무사(武士) 신라국(新羅國)의 화랑(花郞)들에게 삼랑원의광(三郞源義光)을 시조(始祖)로 전수(傳受)하여 통일신라(統一新羅)의 문화(文化)를 발전시키는데 대역사(大歷史)의 힘의 원천(源泉)이 되었습니다.
　또한 국가적(國家的) 위기에 처했을 때마다 화랑의 얼을 되살려 민족 도덕규범(道德規範)의 근간(根幹)인 세속오계(世俗五戒)를 바탕으로 국가(國家)와 스승(師), 선배(先輩), 후배(後輩), 친구(親舊)들에게 신의(信義)와 예의(禮義)를 가르치고 보급(普及)해온 선인(仙人)들의 얼이 담긴 무예(武藝)가 황제합기도(皇帝合氣道)인 것입니다. 더 나아가 황제합기도(皇帝合氣道) 무예(武藝)는 우리 겨레의 최고(最高)의 경전(經典)인 삼일신고(三一神誥) 진리훈편(眞理訓偏)의 기화(氣化), 지명(知名), 합혜(合慧)라는 구절(句節)에서 그 기원(起源)을 찾아볼 수 있는 바로 우리의 전통무예(傳統武藝)입니다. 신라의 삼랑원의광은 일본(日本)국을 비롯한 아시아 주변국에 합기도 무예를 전하였다고 기록(記錄)하고 있습니다.

　"합기도(合氣道)"라는 명칭(名稱)이 정식 사용된 것은 1958년부터 지한재 선생님께서 명명하여 불리게 되었고, 총재 염장호 사범(廉章浩 師範)의 호신술(護身術), 특수낙법(特殊落法), 특수족술(特殊足術), 무기술(武器術) 등의 호신기술(護身技術)과 활법, 역사적(歷史的)인 고증(考證)을 바탕으로 세계각국(世界各國)의 타(他)무도(武道)와의 학술적(學術的)인 연구(研究)와 교류(交流) 등 현실(現實)과 미래 지향적(指向的)인 연구(研究)의 결실(結實)이 합(合)하여 무(武)와 예(藝)를 바탕으로 공격적(攻擊的)인 타(他) 무예(武藝)와는 달리 자신(自身)을 다스리며 상대방(적)으로부터 자신(自身)의 신체(身體)를 보호(保護)하는 방어무예(防禦武藝)입니다. 맨몸과 무기술로 공격(攻擊)과 방어(防禦)를 동시(同時)에 할 수 있으며 단순한 기술(技術)이나 힘이 아닌 기(氣)를 사용하여 원(圓)의 흐름, 전환법(轉換法)을 활용(活用)하여 적(상대방)의 힘을 역이용(逆利用), 합기도(合氣道)의 기법(技法)으로 상대를 제압(制壓)하는 무예(武藝)입니다. 인간 정신세계의 근원(根源)이 되는 합기도(合氣道) 무예(武藝) 신념철학인 인(仁), 의(義), 예(禮), 지(智), 신(信), 선(善), 덕(德), 충(忠), 용(勇)의 덕목 수련을 해야 진정한 사범(師範)이라 할 수 있으며, 사람의 기운(氣運)인 인기(人氣)를 복하단전(復下丹田)에 모아 그 기를 자유자재로 운용(運用)하여 맨몸과 무기술로 공격(攻擊)과 방어(防禦)를 동시에 할 수 있는 호신무예(護身武藝)로 심신(心身) 수련(修練)을 통한 수행(修行)의 길(道)로서 각고(刻苦)의 연마(鍊磨)를 통해 지혜로움을 얻게 되는 훌륭한 철학(哲學)이 겸비(兼備)된 인간(人間) 최고(最高)의 진리(眞理)를 터득하게 되는 무예(武藝)가 바로 사단법인 대한민국 합기도 중앙협회의 황제합기도(皇帝合氣道) 입니다.

사단법인 대한민국합기도중앙협회

총재 / 철학박사 염장호 교수

HAPKIDO

황제 합기도 삼법(皇帝 合氣道 三法)

하나, 공격하는 적을 제압하는 살법(殺法)
둘, 다친자를 회복시키는 활법(活法)
셋, 사람들과 더불어 사는 철학 인법(人法)

황제 합기도 5예(皇帝合氣道 五禮)

하나, 국가(國家)에 대한 충성(忠誠)의 예절(禮節)
둘, 부모(父母)님에 대한 효도(孝道)의 예절(禮節)
셋, 스승(師)님에 대한 존경(尊敬)의 예절(禮節)
넷, 친구(親舊)에 대한 우정(友情)의 예절(禮節)
다섯, 선후배(先後輩)에 대한 상호간(相互間)의 예절(禮節)

황제 합기도 10계훈(皇帝合氣道 十戒訓)

하나, 이마에는 정중(鄭重)한 예절(禮節)이
둘, 눈에는 총명(聰明)한 정기(精氣)가
셋, 입에는 정성(精誠)을 다하는 친절(親切)이
넷, 가슴에는 믿음(信)이 있는 진실(眞實)이
다섯, 손에는 땀 흘리며 일하는 노동(勞動)이
여섯, 발길은 항상(恒常) 좋은 곳을 향(向)하는 심오(深奧)한 철학(哲學)으로
일곱, 성실(誠實)하게 배우며(學) 노력(努力)하는 무예인(武藝人)
여덟, 실력(實力)을 인정(認定)받는 존경(尊敬)받는 무예인(武藝人)
아홉, 멋을 알고 정의(正義)를 지키는 미덕(美德)있는 무예인(武藝人)
열, 합기도(合氣道)를 열심히 수련(修練)하며 전달(傳達)하는 자랑스런 무예인(武藝人)

급소(急所)란 무엇인가?

하나, 신체에 자극을 주어 특별히 민감한 반응을 일으키는 부분을 말한다.

둘, 급소는 자극을 받아 건강을 이롭게 하거나 고통이나 충격으로 손해를 입히는 부분의 신체 명칭을 급소라 단정한다.

셋, 급소는 죽는 사혈, 귀머거리가 되는 아혈, 기절하는 운혈, 경미한 고통을 주는 통혈이 있다.

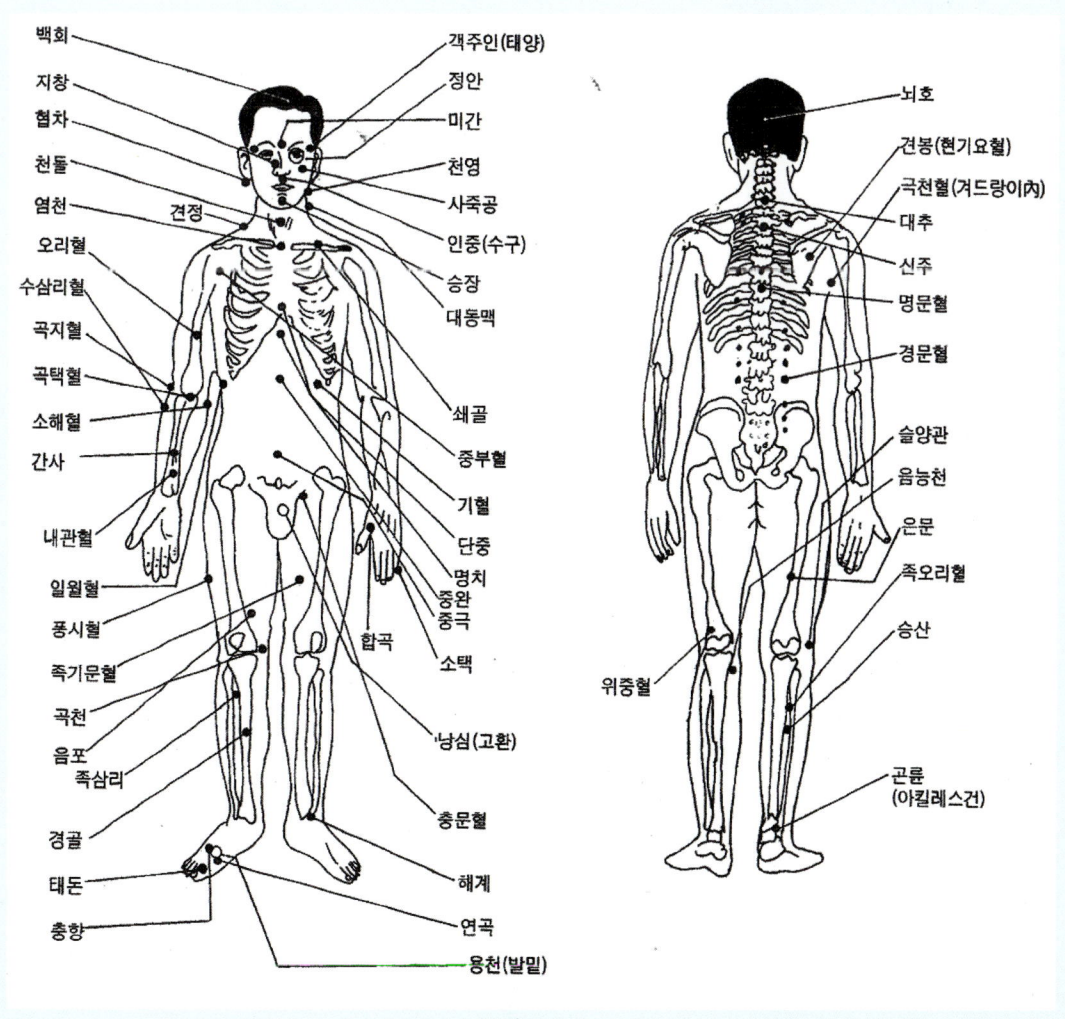

| 급소도 |

황제 합기도 기합의 목적(皇帝合氣道 氣合의 目的)

하나, 기합을 넣는 순간 나 자신이 힘이 나고
둘, 기합을 넣는 순간 적을 놀라게 하고
셋, 기합을 넣는 순간 나의 기술로 적을 제압 승리할 수 있다.

낙법의 목적

하나, 신체 온몸의 피부와 약한 급소를 단련시키고
둘, 신체 온몸의 관절운동을 함으로서 뼈를 단련시키며
셋, 상단전, 중단전, 복하단전의 기를 증진시킴으로서 힘의 발산을 이롭게 한다.

음(陰)과 양(陽)

음, 흐르는 물과 같이 부드럽게 둥근 원과 같이 둥글게 하고 상대에게 합하라.
양, 돌과 같이 딱딱하게 모서리와 같이 각을 이루고 상대에게서 유유히 떨어진다.

합기도 도인 강령

나는 인간(人間) 최고(最高)의 합기도인(合氣道人)으로서 긍지(矜持)를 자부하며 내가 가장 존경하는 선각자(先覺者)이신 도천황(道天皇) 염장호 사범(廉章浩 師範)님과 스승(師)이신 은사(恩師)님의 가르침을 받들어 하늘의 천기(天氣)와 땅의 지기(地氣)와 사람의 인기(人氣)를 복하단전(復下丹田)에 모아 정신(精神)을 집중하여 우렁찬 기합(氣合)으로 적(敵)을 놀라게 하고 술기(術技)는 팔괘전환기법(八卦轉換技法)으로 공격(攻擊)과 방어(防禦)를 하며 급소(治所) 또는 맥(脈)을 정확히 찾아서 합기도(合氣道)의 정수(定數)를 정확하게 숙달(熟達)하고 상대편 자세(姿勢)에서 항복(降伏)을 받고 권법(拳法)과 족술(足術)은 기(氣)를 살려 신속(迅速)히 타격(打擊)하고 강(强)은 약(弱)으로 약(弱)은 강(强)으로 곡(曲)은 곡(曲)으로라는 원칙(原則)으로 하여 곡(曲)은 원(圓)이 잡고 원(圓)은 합(合)을 이루게하여 적(敵)을 선제제압(先制制)하여 승리(勝利)한다.

제 2 편
초급편

合氣道

- 제1장 예법 및 자세
- 제2장 강기법
- 제3장 전환법
- 제4장 합기 원리론
- 제5장 송죽권법
- 제6장 합기도 족술
- 제7장 하체속공술
- 제8장 낙법
- 제9장 수양권법
- 제10장 비상격기술
- 제11장 기본공격술

박영미 사범의 호신술 시연

제1장
예법 및 자세

도장 안에서 지켜야할 기본 예법

▌국기에 대한 예 ▌

▶ 국기에 대한 예를 할 때에는 오른손을 왼쪽 가슴에 가볍게 올리고 왼손은 주먹을 말아 쥔 상태로 바지선 옆에 위치한다. 국기에 대한 예는 도장을 들어올 때와 나갈 때 행한다.

▌고인이 되신 선배 무예인에 대한 예 ▌

▶ 묵념을 할 때에는 양손은 띠를 잡고 고개를 숙여 눈을 감는다. 묵념은 수련을 시작하기 전에 행한다.

▌스승님에 대한 예 ▌

▶ 스승님에 대한 예는 단좌를 한 상태에서 양손을 모아 삼각형이 되게 한 후 허리를 숙여 양손은 바닥에 놓고 이마는 양손 위에 위치한 후 "합기"라는 구호와 함께 행한다. 스승님에 대한 예는 도장을 들어왔을 때와 나갈 때 국기에 대한 예를 한 후 스승님께 행하고 수련을 시작할 때와 끝날 때 스승님께 절한다.

도장 안에서 지켜야할 기본 예법

▌ 선배에 대한 예 ▌

▶ 선배에 대한 예는 허리를 90도 숙여 "합기"라는 구호와 함께 행한다.
선배에 대한 예는 도장 안에서 스승님을 제외한 자신보다 높은 사람에게 행한다.

▌ 후배에 대한 예 ▌

▶ 후배에 대한 예는 후배가 큰절로 예를 갖출 때는 큰절로 받고, 허리를 숙여 예를 갖출 때는 같이 허리를 숙여 받는다. 큰절은 수련시 선배와 후배가 상대가 되어 할때 행하고, 목례는 수련시간 이외에 행한다.

자 세

정 좌(正坐)

▷ 왼발과 오른발을 교차해서 양쪽 허벅지에 올려놓고 양손은 가볍게 말아쥐고 양 무릎에 살며시 올린 후 가슴을 펴고 허리를 곧게 세우며 두 눈은 지그시 감고 고개를 15° 숙이며 명상에 잠긴다.

단 좌(端坐)

▷ 양 무릎을 두 주먹이 들어갈 정도로 벌리고 앉은 다음 엄지손가락을 안으로 가볍게 말아 쥐고 양 무릎에 살며시 올린 후 가슴을 펴고 허리를 곧게 세우며 두 눈은 지그시 감고 고개를 15° 숙인다.

자연체

▷ 평상시 바로 서있는 자세로 눈의 시선은 전방 15° 상단을 바라보고, 양발은 자신의 어깨넓이 정도로 편하게 벌리고 서 있는 자세를 말한다.

자 세

기마자세

▶ 말을 타는 자세로 양 무릎을 안쪽으로 구부리며 양발 끝을 11자로 모아 자세를 낮추고 양손은 기(氣)를 살려 띠에 붙인다.

공격자세

▶ 평자세에서 왼발을 앞에 딛고 기마자세처럼 자세를 낮춘다. 왼손은 눈높이에 맞추고 오른손은 가볍게 제 가슴 위에 맞춘다. (공격 및 방어자세에서 앞쪽의 손은 좌우를 방어하고 뒷손은 상, 하 및 가슴 부위를 방어한다.)

방어자세

▶ 평자세에서 오른발을 앞에 딛고 공격자세와 같이 자세를 취한다.

제 2 장
강기법

정면기합짜기

┃ 대자연(大自然)의 기(氣)를 단전에 모아 그 기를 수련전에 운용하는 기법 ┃

1. 평자세에서 오른발 축으로 왼발을 어깨 넓이 보다 한배반 정도 넓게 벌린 후 양손은 손가락에 기를 살리고 자신의 단전 앞에 두고 기를 모은다.

2. 기합과 함께 호흡을 내 보내며 단전 앞에 있는 양손을 밑으로 내린다.

3. 밑으로 내린 양손을 가슴 쪽 위로 올린다.

4. 가슴 쪽으로 올리는 양손을 자신의 머리 위로 올려준다.

5. 머리 위로 올린 양손을 자신의 머리에서부터 귀 뒤쪽으로 천천히 단전으로 내려준다.

6. 대자연에 모이게 한 양손의 기를 자신의 단전에 모아준다.

양사면기합짜기

▍양사면기합짜기란 기를 단전에 모아 온몸으로 그 기를 고루 전하여주는 기법이다.
(양사면기합짜기는 운동을 마무리할 때 하는 것이다.) ▍

1. 상단전에 기(氣)를 집중하여 준비자세를 취하며 양손 끝에 기(氣)를 살린다.

2. 호흡을 멈추고 양손을 가슴 앞까지 내려 단전에 기를 살리고 하늘의 기운 천기를 받아들인다.

3. 양손을 좌우로 벌려 기를 살리고 손바닥은 지면을 향하게 해서 땅의 기운 지기를 받아들인다.

4. 양손을 허리까지 내려 손바닥은 뒤를 향하게 하여 기를 살리고 양팔을 뒤로 보낸다.

5. 손 끝에 기를 살려 다시 양팔을 앞으로 보낸다.

6. 기를 살려 양손을 내 앞으로 가지고 온다.

7. 양팔을 위로 올리면서 호흡을 크게 들어마신다.

8. 호흡을 크게 모으면서 양팔을 위에서 떨어트린다는 생각으로 내려보낸다.

9. 다시 처음과 같은 준비자세를 취한다.

제 3 장
전환법

전환법

전환법이란, 원으로 회전하여 움직임에 변화를 준다는 말로써 상대를 전환으로 중심을 잃게 하여 제압할 수도 있고 전환법 자체만으로도 적을 퇴치할 수 있다. 전환법은 합기도의 기법 중 가장 기초가 되는 중요한 역할을 담당한다.

 모든 합기도 기법에 전환법이 적용되며 단순히 회전운동으로 끝나는 것이 아니라 족술, 낙법, 호신기법 등에 초석이 되는 기법이다. 전환법을 통해 우리 몸의 각 기관인 근육과 근육 섬유, 뼈, 관절, 요추부위(허리) 등 기(氣)와 합(合)하여 전신을 단련시키는 기법으로 전, 후, 좌, 우로의 원활한 활동을 통해 혈액순환 등의 신진대사 및 몸의 각 기관 발달을 고루 촉진시키고 전환법의 반복 수련(몸의 중심 기능과 회전기능)을 통해 유연성, 근육의 탄력성, 뼈 와 관절의 고른 발달, 등뼈의 변위를 조정, 균형을 되찾게 하여 신경기능 등을 정상으로 회복시키는 역할을 한다. 전환법은 넓은 곳이든 좁은 곳이든 어떠한 장소에서나 구애받지 않고 가정에서도 간단히 수련할 수 있는 기법이다. 전환법은 팔괘전환기법 등의 고급유단기법도 많으나 가장 기본이 되는 기법을 다시 한 번 돌아보기로 한다. 먼저 평상시 똑바로 서있는 자세(평자세)에서 왼발을 기준으로 오른발을 앞에 딛은 자세(방어자세) 그리고 오른발을 뒤에 딛은 자세(공격자세) 외에도 어떠한 상황(자세)에서든지 전환법을 활용할 수 있다. 먼저 호흡을 가다듬고 시선은 정면을 향하여 자연과 어우러진다는 가벼운 마음으로 전환을 시작한다. 자연과 호흡한다는 마음으로 행할 때 진정한 전환법의 참뜻을 이해할 것이다.

전환법

1. 빙어자세로 오른손에 기를 살려 아래서 위로 원을 그리며 뻗어 올리며 왼발을 반원 그리며 앞으로 접집하고 오른발을 뒤로 돌려 발을 전환시키며 팔을 위에서 아래로 원을 그리며 내린다.

2. 양손을 수평으로 편 다음 오른발을 앞으로 전진하며 팔을 수평으로 돌려 전환시킨 후 왼발을 뒤로 전환시켜 원을 크게 그린다.

3. 양손을 수평으로 하여 왼발이 다시 앞으로 전진해서 수평으로 원을 그려주고 오른발을 뒤로 돌려 전환한다.
   양팔을 대각선으로 아래서 위로 올려 원을 그려 오른발 왼발 전환한 다음 다시 방어자세를 취한다.

제 4 장
합기 원리론

합기도의 기본 원리

합기도는 기(氣)를 사용하여 원(圓)의 흐름, 전환법(轉換法)을 활용(活用)하여, 상대방(相對方)의 힘을 역이용(逆利用), 합기도(合氣道)의 기법(技法)으로 상대를 제압(制壓)하는 무예(武藝)입니다. 합기도의 모든 기(氣)와 술(術)은 물(水)이라 하여 어떠한 형태로도 변화하며 상황에 맞게 대처 되어야 만이 진정한 합기라 할 수 있습니다.

술기의 원리

1) 밀면 당긴다.

▶ 상대가 밀어오면 그 힘을 역행하지 말고 당겨서 술기로 제압한다.

2) 당기면 민다.

▶ 상대가 밀어오면 그 힘을 역행하지 말고 밀어서 술기로 제압한다.

합기도의 기본 원리

3) 직선은 원으로 받는다.

▶ 직선의 공격은 원(전환법)으로 받아 제압한다.

4) 타격의 원리

1. 넓은 곳은 좁게 타격하고
2. 좁은 곳은 넓게 타격하며
3. 급소는 한점에 집중한다.

1. 근접하면 고관절로(어깨)
2. 멀어지면 중관절로(팔꿈치)
3. 떨어지면 소관절로(주먹)

유단자의 한마디   거리에 맞는 타격을 자유로이 운용한다.

제 5 장
송죽권법

송죽권법

정권

정권은 주먹을 쥔 상태에서 검지와 중지 두 손가락 마디로 공격한다. 어깨는 고정된 상태에서 팔꿈치는 다 펴지 않고 상대의 명치를 타격하는 가장 기본적인 권법이다.

하지만 정권은 강한 파괴력을 가지고 있으므로 연습여하에 따라 일격으로 상대를 쓰러트릴 수 있는 파괴력을 가질 수 있다.

1. 방어 자세로 선 상태에서 상대의 전신을 주시한다.
2. 상대의 주먹을 오른손으로 막는다.
3. 막은 손으로 상대 손목을 잡고 왼손 정권으로 상대 명치를 가격한다.

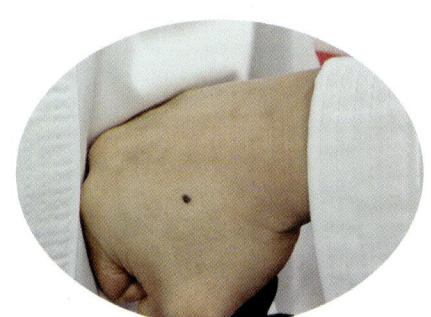

유단자의 한마디

정권 지르기를 할 때는 어깨에 힘을 빼고 타격지점에서 주먹에 힘을 줘서 손목을 틀어 가격하는 것이 좋다.

송죽권법

평권

평권은 체중을 실어 밀어치는 권법으로서 상대의 늑골, 가슴 부위를 가격할 수 있다.

평권은 상대에게 깊은 타격을 줄 수 있으며, 상대의 공격을 막고 공격할 수 있다

1. 방어자세로 선 상태에서 상대의 전신을 주시한다.

2. 상대의 주먹을 오른팔로 막는다.

3. 체중을 실어 상대의 늑골을 밀어쳐준다.

유단자의 한마디

평권은 체중을 실어 공격하는 것이기 때문에 연습할 때도 체중을 실어 가격하는 것을 연습한다.

송죽권법

앞수도

앞수도는 일격필살로 아주 유용한 권법으로서 상대의 대동맥, 뒷턱, 쇄골 등을 공격할 수 있다.

앞수도는 상대가 앞에 있을 때 더욱 그 효력을 발휘할 수 있으며 상대의 공격을 막음과 동시에 타격할 수 있다.

1. 방어자세로 선 상태에서 상대의 전신을 주시한다.
2. 상대의 왼손 주먹이 들어오면 오른손으로 막아준다.
3. 막은 오른손 수도로 상대의 대동맥을 공격한다.

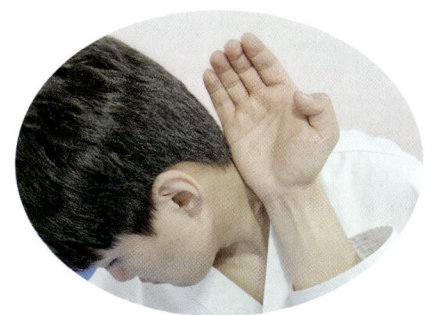

유단자의 한마디

앞수도로 공격할 때는 손날을 세워 정확하게 수도로 가격하는 것이 좋다.

송죽권법

역수도

역수도는 상대의 급소를 타격하는 권법으로써 상대의 공격을 막음과 동시에 가격할 수 있어 상대에게 깊은 타격을 줄 수 있다.

역수도로 가격할 수 있는 곳은 객주인, 대동맥, 늑골 등이며 일격 필살이라고 해서 상대를 한방에 쓰러트릴 수 있는 권법이다.

1. 방어자세로 선 상태에서 상대의 전신을 주시한다.

2. 상대의 발차기를 양손으로 교차해서 막는다.

3. 왼발 앞으로 나가면서 오른손 역수도로 상대 대동맥을 가격한다.

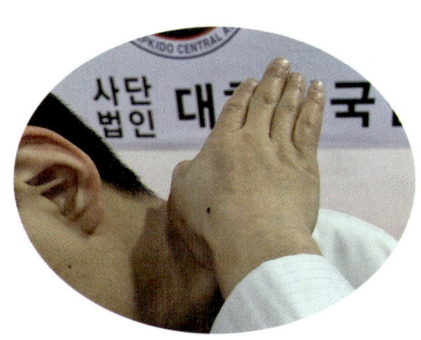

유단자의 한마디

역수도로 상대를 공격할 때는 타격 지점에서 손목을 틀어 순간적인 힘을 주어 가격하는 것이 더욱 유용하게 쓰일 수 있다.

송죽권법

오지침

오지침은 상대의 안면을 공격하는 권법으로써 손가락에 기를 살려 상대의 얼굴 급소(미간·눈·영양혈)를 가격한다.

오지침은 한 번에 얼굴에 있는 여러 급소를 공격할 수 있어 상대에게 깊은 타격을 줄 수 있다.

1. 방어자세에서 상대와 겨눈다.
2. 상대의 발차기를 양손으로 교차해서 막는다.
3. 왼손으로 상대 발목잡고 오른손 오지침으로 상대의 안면을 공격한다.

유단자의 한마디

오지침은 손가락으로 상대를 공격하는 권법이기 때문에 평소에 손가락 단련을 하는 것이 좋다.

송죽권법

이지침

이지침은 상대가 근거리에 있을 때 아주 유용하게 쓰일 수 있는 권법으로써 상대의 얼굴 부위에 눈을 가격할 수 있다.

이지침은 손가락에 기를 실러 상대의 양눈을 공격하기 때문에 깊은 타격을 줄 수 있다.

1. 방어자세로 상대의 전신을 주시한다.

2. 상대의 앞차기를 양손 교차로 막는다.

3. 왼손으로 상대 발목을 잡고 오른손 이지침으로 상대의 눈을 가격한다.

유단자의 한마디

이지침은 상대의 눈 아래쪽을 깊게 누르듯 찌르는 것이 가장 깊은 타격을 줄 수 있다.

송죽권법

중지권

중지권은 상대가 근거리에 있을 때 유용하게 쓰일 수 있는 권법으로써 상대의 명치, 늑골, 인중 등 급소를 공격하는데 아주 효과적이다. 상대에게 깊은 타격을 줄 수 있으며 상대가 어느 방향에 있든 공격할 수 있다.

1. 방어자세로 선 상태에서 상대의 전신을 주시한다.

2. 상대의 앞차기를 양손으로 교차해서 막는다.

3. 왼손으로 상대의 발목을 잡고 오른손 중지권으로 상대 인중을 가격한다.

유단자의 한마디

중지권은 인중 뿐 아니라 여러 급소를 타격할 수 있는 권법이기 때문에 연습 여하에 따라 실전에 유용하게 쓰일 수 있다.

송죽권법

모지권

모지권은 상대와 근거리에 있을 때 아주 유용하게 쓰일 수 있는 권법이다. 주로 대동맥, 협차, 늑골 등을 가격할 수 있고 힘을 주지 않아도 상대에게 깊은 타격을 줄 수 있다.

1. 방어자세로 상대의 전신을 주시한다.

2. 상대의 왼손 주먹을 오른손 수도로 막는다.

3. 모지권으로 상대의 대동맥을 가격한다.

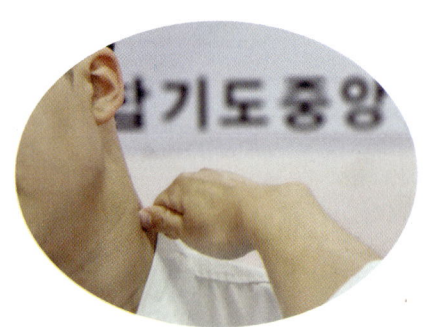

유단자의 한마디

모지권을 사용할 시에는 상대를 가격하는 동시에 엄지손가락에 힘을 주어 상대를 가격하여야 더욱 효과적이다.

송죽권법

관수

관수는 손가락을 모아 상대의 급소를 찌르는 권법으로써 염천, 명치를 공격할 수 있다. 관수는 상대가 앞에 있을 때 유용하게 쓰일 수 있으며 상대의 급소를 공격함으로써 깊은 타격을 줄 수 있다.

1. 방어자세로 선 상태에서 상대의 전신을 주시한다.

2. 상대가 앞차기로 공격하면 손을 교차로 뒤에서 아래로 막는다.

3. 왼손으로 상대 발목을 밑에서 위로 받쳐 잡고 오른손 관수로 상대방 염천을 공격한다.

유단자의 한마디

관수로 공격할 때는 손목을 틀어 상대의 급소를 공격하는 것이 효과적이며 평소에 손가락 단련을 하는 것이 좋다.

송죽권법

가위손

가위손은 상대의 목(천돌)을 공격할 수 있는 권법으로써 선제 공격에서 아주 좋으며 상대를 제압할 때도 효과적이다.

가위손은 상대의 목을 타격할 수 있으며 목을 조르는데도 유용하게 쓰일 수 있다.

1. 방어자세로 선 상태에서 상대의 전신을 주시한다.

2. 상대가 측면 발차기를 하면 오른손으로 얼굴을 왼손으로 하단을 막아준다.

3. 왼손으로 상대의 발을 잡고 오른손 가위손으로 상대 목을 아래에서 위로 올려 쳐준다.

유단자의 한마디

가위손으로 상대를 공격할 때는 목을 잡는다는 생각보다 아래에서 위로 상대의 가슴 쪽을 타고 들어 잡는 것이 더욱 효과적이게 공격할 수 있다.

송죽권법

곰권

곰권은 상대의 안면을 공격하는 권법으로써 타격하는 동시에 긁어 내리기까지 할 수 있어 상대에게 깊은 타격을 줄 수 있다. 상대의 뒤턱 부분을 공격할 수 있으며 상대에게 외상을 입힐 수 있어 효과적이다.

1. 방어자세로 선 상태에서 상대와 겨눈다.
2. 상대의 주먹을 오른손으로 막는다.
3. 막은 오른손으로 상대의 뒤턱을 공격한다.

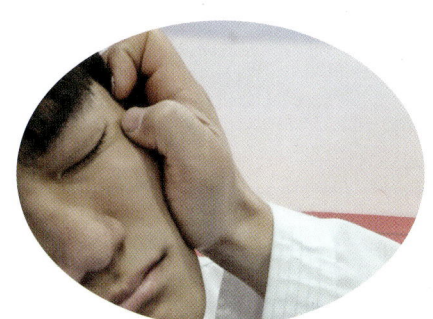

유단자의 한마디

곰권은 상대의 안면을 공격하기에 유용한 권법이며 상대의 뒤턱을 밀어내듯이 타격한다.

송죽권법

각권

각권은 손가락의 마디로 상대를 공격할 수 있는 권법으로 상대가 근접한 거리에 있을 때 유용하게 쓰일 수 있다.

각권은 상대의 천돌, 인중 등 급소를 타격할 수 있는 권법이다.

1. 방어자세로 선 상태에서 상대의 전신을 주시한다.
2. 상대의 주먹을 오른손으로 막는다.
3. 왼손 각권으로 상대의 천돌을 가격한다.

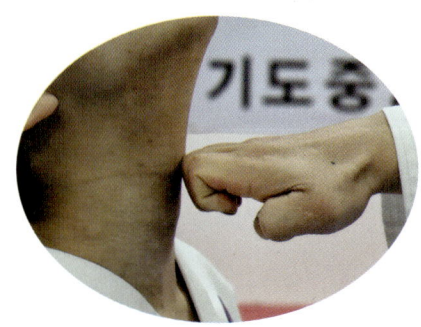

유단자의 한마디

각권은 손가락으로 공격하는 권법이므로 평소 손가락 단련을 하는 것이 좋다.

송죽권법

장권

장권은 상대의 내부에 충격을 주는 권법으로써 손바닥에 기를 살려 상대의 상반신(명치, 유중, 늑골)을 가격한다.

장권은 상대에게 외상을 입히지 않고 공격할 수 있는 권법이다.

1. 방어자세에서 상대의 전신을 주시한다.
2. 상대의 공격을 오른손 수도로 방어하며 오른손 공격에 대한 방어준비를 한다.
3. 왼손으로 상대의 오른손을 제치며 장권으로 가격한다.

유단자의 한마디

장권을 사용할 때에는 내부의 충격을 주기 위해 끊어 친다.

송죽권법

쌍장권

쌍장권은 밀어치는 권법으로써 상대의 유중 부위를 가격하는 권법이다. 쌍장권은 상대가 앞에 있을 때 더욱 유용하게 쓰일 수 있으며 상대의 외부보다는 내부의 통증을 줄 수 있게 하는 권법이다.

1. 상대편이 나의 양 어깨를 잡으려 했을 때이다.
2. 양손으로 상대 중관절 쪽을 막아준다.
3. 한발 나가면서 체중을 실어 상대 유중을 아래에서 위로 밀어 쳐준다.

유단자의 한마디

쌍장권은 상대가 근거리에 있을 때 유용하게 타격할 수 있다.

송죽권법

후권

후권은 상대가 뒤에 있을 시에 아주 유용한 권법으로써 주먹 뒤쪽으로 상대의 객주인, 늑골 부분을 가격할 수 있다.

후권은 상대가 나의 신체부위를 잡고 있을 때 유용하게 쓰일 수 있다.

1. 상대가 뒤에서 목 뒷덜미 옷깃을 잡았을 때이다.
2. 돌아보고 타격하고자 하는 지점을 확인한다.
3. 후권으로 상대 뒤턱을 가격한다.

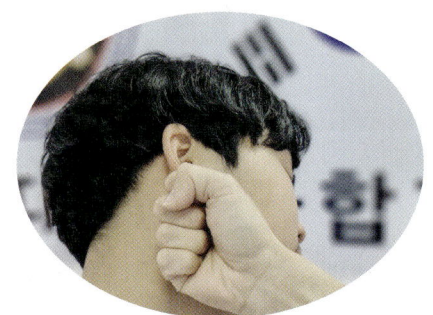

유단자의 한마디

후권은 뒤에 있는 상대를 공격할 수 있지만 연습 여하에 따라 앞에 있는 상대에게도 유용하게 쓰일 수 있다.

송죽권법

후장권

후장권은 손등으로 가격하는 권법으로 상대가 근접해 있을 때 유용하게 사용할 수 있는 장법이다.

후장권은 큰 동작이 없이 작은 끊어치기 동작으로 상대의 낭심(고환), 얼굽(염양혈) 등을 가격할 수 있는 장법이다.

1. 상대가 뒤에서 껴안았을 때이다.
2. 양팔을 위로 올려 상대의 잡은 손을 푼다.
3. 왼손은 상대의 한손을 잡고 오른손 후장권으로 낭심을 가격한다.

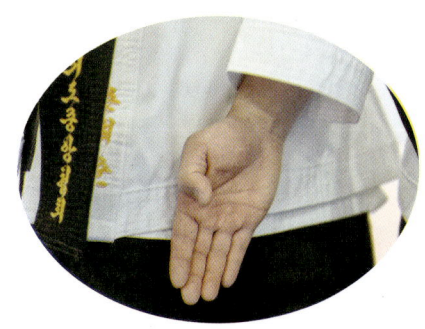

유단자의 한마디

가격할 시 손가락 부위에 맞지 않도록 유의한다.

송죽권법

후면수도

후면수도는 상대가 뒤에 있을 때 유용하게 쓰일 수 있는 권법이다. 상대가 나의 어깨 쪽 옷깃을 잡았을 때 유용하게 활용할 수 있다.

1. 상대가 뒤에서 나의 왼쪽 옷깃을 잡았을 때 손에 기를 살리고 상대를 주시한다.

2. 몸을 오른쪽으로 틀어 상대를 확인하고 오른손 수도로 기를 살린다.

3. 오른손 수도로 상대의 대동맥을 위에서 아래로 가격한다.

유단자의 한마디

후면수도로 가격할 시 먼저 시선이 상대를 향해야만 보다 강한 타격을 할 수 있다.

송죽권법

후면가위손

후면가위손은 송죽권법 중 후면에 있는 상대를 공격하는 권법으로써 상대가 나의 어깨쪽 옷깃을 잡았을 시 아주 유용하게 쓰일 수 있다.

1. 상대가 나의 옷깃을 잡았을 때 몸에 기를 살려 상대를 주시한다.

2. 오른손 팔꿈치를 상대의 팔 위로 올려 상대의 중관절을 내려 쳐준다.

3. 오른손 가위손으로 상대의 목을 아래서 위로 올려 가격한다.

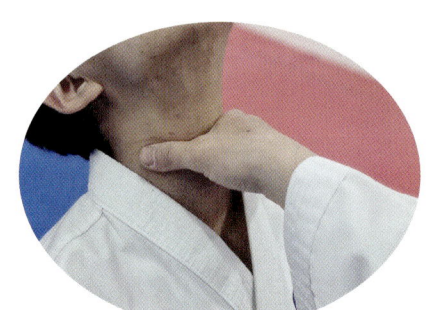

유단자의 한마디

후면가위손을 시행할 시에는 팔꿈치로 상대의 중관절을 확실히 내려쳐 준 상태에서 가격하여야 정확하게 공격할 수 있다.

제 6 장
합기도 족술

합기도 족술

합기도의 족술은 발로 차는 기법을 말한다.

족술은 권법보다 강한 파괴력을 가지고 있으며 속도는 권법보다 느리지만 먼 거리의 상대방을 공격하기 매우 유리하다.

합기도의 족술은 타 무예에 비해 전신을 목표로 공격을 가한다. 또한 합기도의 족술은 여러 목표를 공격할 수 있는 외발 복식족술과 양발 복식족술 및 특수족술 등으로 나뉘어진다. 합기도의 족술 수련 시 가장 중요한 것은 발의 기를 살려 공격하는 것이다. 이를 위해 완벽한 자세와 정확도가 요구된다.

처음 수련하는 수련생들은 기본 족술을 완벽하게 연마한 후 순발력, 유연성, 속도 등을 길러 복식족술을 연마할 수 있는 단계까지 수련에 임하는 것이 중요하다.

합기도 족술의 장점은 권법과 같이 혈이나 약한 급소 등을 공격할 수 있으며 공격상황에 따라 족두, 족날, 발꿈치 등으로 공격할 수 있다는 것이다. 예를 들어 넓은 목표물은 족두로, 좁은 목표물은 족날로, 단단한 목표물은 발꿈치 등으로 다양하게 공격 할 수 있다. 그러므로 합기도의 족술은 그 목표물에 맞는 자세를 연마하는 것이 타격에 효율을 높일 수 있다고 하겠다.

합기도 족술

앞차기

합기도 족술 기법 중 가장 기본이 되는 기법으로써 족두로 상대방의 인중, 염천, 명치(급소도 참고) 등을 가격하는 족술이다.

상대를 가격하고자 하는 높이까지 무릎을 올려준 후 기를 살려 상대를 가격한다.

1. 공격자세에서 타격하고자 하는 지점을 확인한다.

2. 무릎을 타격 지점까지 올린다.

3. 디딤발은 상대방을 향한 상태에서 무릎을 펴준다.

4. 족두에 기를 살려 타격한다.

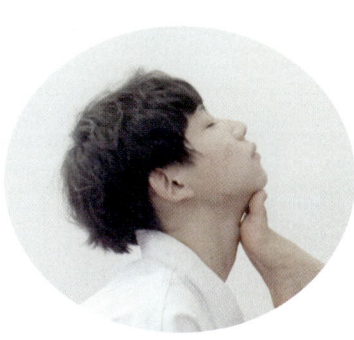

유단자의 한마디

앞차기로 상대를 가격할 시 족두로 타격한다.
이때 상대의 팔이나 다리에 걸리지 않게 유의한다.

합기도 족술

앞차올리기

합기도 족술기법 중 가장 가격 지점이 높은 족술로 뒤꿈치로 상대의 턱이나 높이 있는 상대를 가격할 수 있는 족술이다.

타격하고자 하는 타격 지점이 높으므로 무릎을 최대한 올려준 후 족두를 당겨 뒤꿈치로 타격한다.

1. 공격자세에서 타격하고자 하는 지점을 확인한다.

2. 무릎을 최대한 끌어 올린다.

3. 디딤발은 상대방을 향한 상태에서 족두를 당기고 무릎을 펴준다.

4. 뒤꿈치에 기를 살려 타격한다.

유단자의 한마디

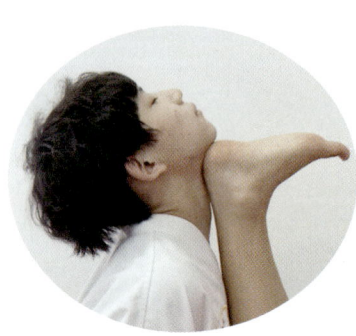

앞차올리기는 타격 지점이 높은 족술이므로 평상시에 다리를 충분히 스트레칭 해주는 것이 중요하다.

※ 뒤꿈치에 기를 살려 상대의 턱을 가격한다.

합기도 족술

찍어차기

상대의 얼굴 측면을 족두 부분으로 찍어 차준다. 이 족술은 앞차기 만큼이나 많이 사용하는 족술로써 크게 두 가지로 나뉘어 찬다. 얼굴, 옆구리, 가슴, 배, 등 부분을 찰 때에는 발등 부분으로 차며 격파를 하거나 강한 공격이 필요할 때는 발가락을 제쳐 족두 부분으로 가격한다.

1. 공격자세에서 타격하고자 하는 지점을 확인한다.

2. 무릎을 타격 지점까지 올린다.

3. 디딤발을 90° 틀어주며 무릎을 펴준다.

4. 족두에 기를 살려서 상대방을 타격한다.

유단자의 한마디

찍어차기를 할 때에는 무릎을 일자로 올려 상대가 발차기를 방어하지 못하게 가격하는 것이 좋다.

합기도 족술

안다리

합기도 족술기법 중 기본이 되는 기법으로써 몸 바깥쪽에서 안쪽으로 원을 그리며 발바닥으로 타격하는 족술이다.

타격지점으로는 객주인, 영양혈 등(급소도 참고) 상대를 나색하고자 하는 높이에서 무릎을 올려준 후 디딤발을 90° 틀어 돌려 차준다.

1. 공격자세에서 타격하고자 하는 지점을 확인한다.

2. 무릎을 90° 틀어 타격 지점까지 올린다.

3. 몸 바깥쪽에서 안쪽으로 발바닥 안쪽까지 돌려준다.

4. 발바닥 안쪽으로 기를 살려 돌려 차준다.

유단자의 한마디

안다리를 찰 때에 준비동작은 항상 몸을 방어한 상태에서 차주어야 한다.

※ 발바닥 안쪽으로 상대의 영양혈을 돌려찬다.

합기도 족술

바깥다리

몸 안쪽에서 바깥쪽으로 반원을 그리며 상대의 얼굴(영양혈, 관자놀이, 턱의 측면 부분)을 족날로 가격한다.

이 족술은 상대편을 공격할 수도 있지만 자신의 몸을 방어하는 기법으로도 활용이 가능하다.

1. 공격자세에서 타격하고자 하는 지점을 확인한다.

2. 무릎을 90° 틀어 타격 지점까지 올린다.

3. 몸 안쪽에서 바깥쪽으로 족날 부분을 바깥쪽으로 돌려준다.

4. 허리를 우측으로 트는 동시에 족날 아래쪽에 기를 넣으며 차준다.

유단자의 한마디

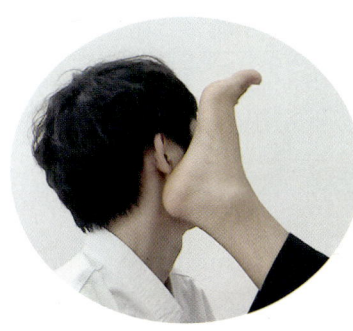

바깥다리를 찰 때에는 충분한 스트레칭 후에 차주지 않으면 골반이 틀어질 위험이 있으므로 충분한 스트레칭 후 차주어야 한다.

※ 족날 부분의 기를 살려서 상대편 관자놀이 영양혈 턱 부분을 가격한다.

합기도 족술

안꿈치 내려찍기

안꿈치 내려찍기는 안다리식으로 다리를 들어올려 뒤꿈치로 상대의 안면 또는 명치, 쇄골 부위를 위에서 아래로 가격하는 발차기이다.

1. 상대를 보고 공격자세를 취한다.

2. 무릎을 오른쪽 옆으로 하여 반타원 그리며 든다.

3. 오른발은 반타원 그리며 최대한 올린다.

4. 뒤꿈치로 위에서 아래로 찍는다.

유단자의 한마디

안꿈치 내려찍기는 상대가 붙어 있을 때 사용하기 좋다.

합기도 족술

바깥꿈치 내려찍기

바깥꿈치 내려찍기는 바깥다리식으로 다리를 들어 올려 뒤꿈치로 내려찍는 족술로 상대와 근접해 있을 때 유용한 족술로 상대의 견정이나 쇄골을 가격하면 강한 타격을 줄 수 있다.

1. 상대를 보고 공격자세를 취한다.

2. 오른발을 왼쪽으로 반타원 그리며 무릎을 든다.

3. 오른발을 왼쪽으로 반타원 그리며 최대한 올린다.

4. 뒤꿈치로 위에서 아래로 찍는다.

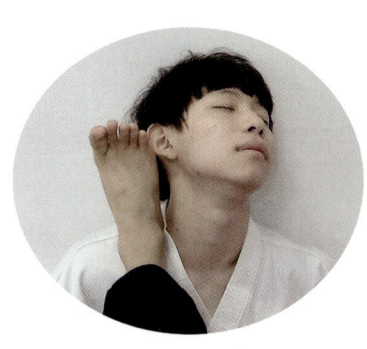

유단자의 한마디

바깥꿈치 내려찍기는 상대가 붙어있을 때 사용하기 좋다.

합기도 족술

옆차기

합기도 족술 기법 중 가장 기본이 되는 기법으로서 족날로 상대방을 밀어 차는 발차기이다. 타격 지점으로는 천돌, 늑골, 가슴, 경골 등(급소도 참고)으로 상대를 타격하고자 하는 높이까지 무릎을 올려준 후 디딤발을 180° 틀어 밀어 차준다.

1. 공격자세에서 타격하고자 하는 지점을 확인한다.

2. 무릎을 타격 지점까지 올린다.

3. 디딤발은 180° 틀어 상대방을 향한 상태에서 무릎을 펴 준다.

4. 족날에 기를 살려 밀어찬다.

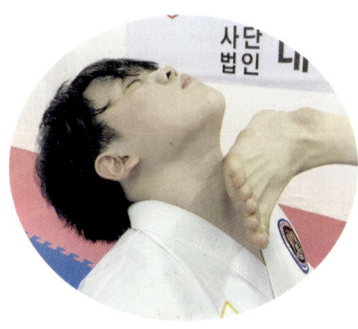

유단자의 한마디

옆차기는 밀어차는 족술이므로, 여러명의 상대와 대적할 때 유용하게 사용할 수 있다.
※ 족날로 상대의 천돌을 밀어 차준다.

합기도 족술

돌아 옆차기

돌아 옆차기는 옆차기의 응용 족술이며 옆차기보다 더 깊은 타격을 줄 수 있다. 타격 위치로는 늑골, 목 또는 하단 공격에(급소도 참고) 유용하게 쓰일 수 있다.

1. 상대를 확인하고 공격자세를 잡는다.

2. 왼발 뒤꿈치는 상대를 향하게 하고 몸과 얼굴을 돌려 타격 지점을 확인한다.

3. 오른발 무릎을 위로 들어올린다.

4. 족날을 세워 상대를 밀어 차준다.

유단자의 한마디

돌아 옆차기를 할 때는 족날을 세워 가격을 해야 하며 균형이 흐트러지지 않게 한다.

합기도 족술

발등차기

상대가 근거리에 있을 때 아주 유용한 족술로써 발등으로 상대의 얼굴, 늑골, 가슴, 부위 등을 가격하는 족술이다.

발등차기는 상대가 자신의 옆에 위치해 있을 때 더욱 그 효력을 발휘할 수 있는 족술이다.

1. 공격자세에서 타격하고자 하는 지점을 확인한다.

2. 무릎을 타격 지점까지 올린다.

3. 바깥쪽으로 무릎을 45° 틀어준다.

4. 무릎을 펴주며 동시에 발등에 힘을 실어 측면에 있는 상대를 공격한다.

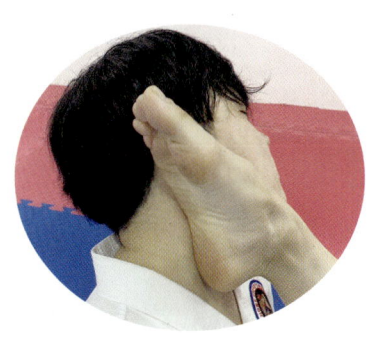

유단자의 한마디

발등차기는 측면 뿐 아니라 연습 여하에 따라 정면에 있는 상대에게도 유용하게 타격할 수 있다.

합기도 족술

족기차기

족기차기는 가까이 있는 상대를 공격하기에 좋은 발차기로써 제기를 차는 자세로 상대의 턱과 명치, 인중, 유중, 낭심 등을 가격하는 발차기이다.

1. 상대를 보고 공격자세를 취한다.

2. 몸을 오른쪽으로 45° 틀어 족두를 세워 무릎을 허리 높이까지 든다.

3. 상대 턱을 향해 발을 일자로 든다.

4. 타격 부위까지 발을 올린 다음 발을 쭉 펴 타격한다.

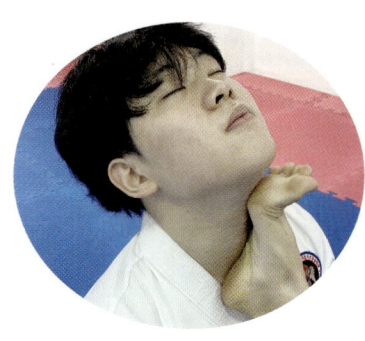

유단자의 한마디

족기차기는 상대가 가까이 있을 때 상단을 차기 좋은 발차기이다.

합기도 족술

꿈치돌리기

꿈치돌리기는 뒤꿈치로 상대의 안면(객주인, 협차)을 가격하는 발차기로써 파괴력이 좋은 발차기다. 상대가 멀리 있는 경우에도 활용할 수 있는 족술이다.

1. 상대를 보고 공격자세를 취한다.

2. 왼발을 180° 틀어 뒤꿈치가 상대를 보게 하고 몸을 왼쪽으로 틀고 오른쪽 무릎을 든다.

3. 상체를 뒤로 숙이며 오른쪽 다리를 타격 부위에서 15° 전에 편다.

4. 허리를 발 접는 반대 방향으로 틀며 오른발을 감는다.

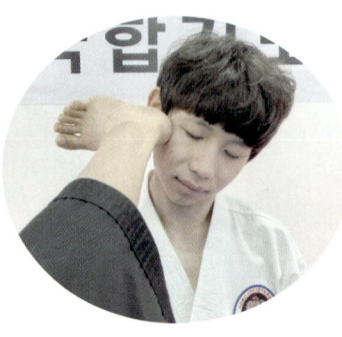

유단자의 한마디

꿈치돌리기는 타격이 뒤꿈치로 되는 것이 좋고, 타격할 시 몸을 반대로 틀어 힘이 배가 되게 하는 것이 좋다.

합기도 족술

돌아차기

돌아차기는 파괴력이 좋은 기본 발차기로써 몸의 회전력을 이용할 수 있다. 타격할 수 있는 위치로는 객주인, 영양혈, 뒤턱 등을 뒤꿈치로 가격한다.

1. 상대를 확인하고 공격자세를 잡는다.

2. 왼발 뒤꿈치가 상대를 향하게 하고 몸과 얼굴을 돌려 타격 지점을 확인한다.

3. 오른발 무릎을 90° 정도로 든다.

4. 회전력을 줘서 뒤꿈치로 상대를 가격 한다.

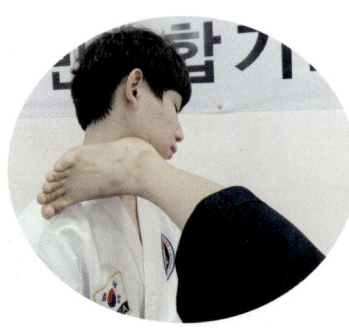

유단자의 한마디

돌아차기로 상대를 가격할 시에는 뒤꿈치로 정확하게 가격하는 것이 좋다.

합기도 족술

하단돌아차기

하단돌아차기는 기본족술에 속하며, 상대의 하단을 공격할 수 있다. 뒤꿈치로 상대의 경골, 발목, 무릎 등을 타격할 수 있으며 상대가 상단을 공격할 때 유용하게 쓰일 수 있다.

1. 상대를 보고 공격자세를 취한다.

2. 왼발 뒤꿈치 쪽으로 앉아서 양손은 땅을 짚는다.

3. 몸을 돌려 상대를 확인한다.

4. 몸을 회전하여 뒤꿈치로 상대를 가격한다.

유단자의 한마디

하단돌아차기는 상대의 경골이나 발목을 가격하기에 좋다.

제 7 장
하체속공술

하체속공술

■ 하단 앞차기

1. 공격자세를 잡고 두 눈을 중심으로 상대를 주시한다.
2. 왼발을 축으로 오른 무릎을 상대 쪽으로 들어올린다.
3. 앞차기(족두)로 상대의 왼발 족삼리혈을 가격한다.

■ 하단 찍어차기

1. 공격자세를 잡고 두 눈을 중심으로 상대를 주시한다.
2. 왼발을 축으로 오른 무릎을 상대쪽으로 들어올린다.
3. 찍어차기로 상대의 왼발 풍시혈을 가격한다.

하체속공술

■ 하단 옆차기

1. 공격자세를 잡고 두 눈을 중심으로 상대를 주시한다.
2. 왼발을 축으로 오른 무릎을 상대쪽으로 들어올린다.
3. 옆차기로 상대의 왼발 음능천을 가격한다.

■ 하단 족기차기

1. 공격자세를 잡고 두 눈을 중심으로 상대를 주시한다.
2. 왼발을 축으로 오른 무릎을 상대쪽으로 들어올린다.
3. 족기차기(족두)로 상대의 왼발 족기문을 가격한다.

■ 내차기

1. 공격자세를 잡고 두 눈을 중심으로 상대를 주시한다.
2. 상대의 두 눈을 보고 오른 무릎을 45° 앞으로 상대를 향해 올린다.
3. 무릎을 펴서 뒤꿈치로 상대의 왼쪽 무릎을 가격한다.

하체속공술

■ 경골 돌리기

1. 공격자세를 잡고 두 눈을 중심으로 상대를 주시한다
2. 왼발을 축으로 오른 무릎을 상대쪽으로 들어올린다.
3. 족날로 상대의 경골을 가격하는 동시에 왼쪽으로 발을 돌린다.

■ 꼬아차기

1. 공격자세를 잡고 두 눈을 중심으로 상대를 주시한다.
2. 왼발을 축으로 몸을 돌려 오른발 뒤꿈치를 상대쪽 발 사이로 옮긴다.
3. 뒤꿈치로 상대의 낭심을 가격한다.

■ 하단 무릎찍기

1. 공격자세를 잡고 두 눈을 중심으로 상대를 주시한다.
2. 양손을 상대의 뒷목을 잡아 내 쪽으로 끌어당긴다.
3. 오른 무릎으로 상대의 턱을 가격한다.

제 8 장
낙법

낙법

전방낙법

전방낙법이란 앞으로 쓰러질 때 유용하게 쓰이는 합기도의 가장 기본이 되는 낙법으로써 신체를 보호할 수 있는 낙법이다.

1. 손가락을 모으고 삼각형 모양을 만든다.

2. 낙법을 칠 위치를 확인한다.

3. 앞으로 몸을 쓰러트리며 단전에 힘을 준다.

4. 낙법을 침과 동시에 머리를 한쪽으로 돌려 안면을 보호한다.

유단자의 한마디

전방낙법을 시행할 때에는 손바닥에서 팔꿈치까지 지면에 닿는다. 낙법을 치는 순간에 손바닥으로 지면을 세게 쳐준다.
※ 점프를 했을 경우
점프전방과 점프틀어 전방으로 나눈다. 점프를 했을 때 양 무릎을 가슴에 붙여 지면에 떨어질 때 몸을 펴서 낙법을 시행한다.

낙법

후방낙법

후방낙법이란 뒤로 넘어질 때 유용하게 쓰이는 낙법이다. 신체를 보호할 수 있는 낙법으로써 합기도의 기본 낙법이라 할 수 있다.

1. 다리를 벌리고 손을 엑스 (X)자로 만들고 기를 살린다.

2. 등이 지면에 닿기 전 양팔을 45° 밑으로 쳐준다.

3. 고개를 들어 띠를 쳐다본다.

4. 왼쪽 어깨를 지면에 대고 두 발을 넘겨 뒤로 구른다.

5. 일어나서 자세를 잡는다.

유단자의 한마디

후방낙법을 시행할 때에는 손바닥부터 어깨 관절까지 몸이 닿기전에 지면에 먼저 닿는다. 손바닥으로 땅을 세게 쳐준다.
※점프를 했을 경우
점프를 할 때에는 양발을 앞으로 찬다라는 느낌으로 양발을 뻗어준다. 이때 고개를 들어 도복 띠를 보고 자기 몸이 뒤로 뒤집히지 않게 한다.

낙법

무성낙법

무성낙법이랑 없을 무(無) 소리 성(聲)이라는 말로 낙법을 시행할 때 소리가 나지 않는다는 뜻이다. 무성낙법은 몸을 부드럽게 하여 충격을 없애고 장애물을 넘을 수 있는 낙법이다.

1. 방어자세를 취한다.

2. 양손을 좌측으로 하여 머리를 좌측으로 돌려준다.

3. 오른손을 안으로 넣고 오른쪽 어깨를 지면에 댄다.

4. 왼발을 구부리고 앞으로 구른다.

4. 오른발을 앞으로 빼서 자세를 잡는다.

유단자의 한마디

무성낙법을 시행할 때에는 몸을 최대한 둥글게 하여 몸이 충격을 받지 않게 하는 것이 좋다.

※점프를 했을 경우

점프를 시행할 때에는 양발을 앞으로 점프를 해서 착지할 때 양손을 정확히 지면에 짚어 부드럽게 굴러준다. 장애물 또는 상대를 뛰어 넘을 때 주로 쓰인다.

낙법

회전낙법

회전낙법의 시작은 무성낙법과 동일하나 착지에서 손으로 낙법을 친다. 회전낙법은 무성낙법과 동일하게 장애물이나, 상대를 뛰어넘는데 아주 유용하게 쓰인다.

1. 방어자세를 취한다.

2. 양손을 좌측 왼발 앞에 짚고 머리를 좌측으로 돌린다.

3. 오른쪽 어깨를 땅에 대고 굴러준다.

4. 왼발을 펴고 오른발은 구부려서 왼손으로 낙법을 친다. 이때 왼팔과 왼발의 각도는 15~30°로 한다.

5. 왼손으로 지면을 치며 일어난다.

6. 다시 방어자세를 취한다.

유단자의 한마디

낙법을 칠 때 왼발을 펴주고 왼발이 지면에 닿는 순간에 왼손으로 지면을 힘껏 치며 일어난다.

※점프를 했을 경우
점프를 할 때에는 두발을 모으고 뛰어올라 장애물 또는 상대방을 뛰어넘을 수 있다.

제 9 장
수양권법

수양권법

수양권법

1. 기마자세로 양손을 아래서 머리 위로 원을 크게 그려 오른손 왼손으로 방어한다. 왼발 뒷굽이하며 오른손은 하단, 왼손은 상단을 막은 다음 오른발 앞굽이고 바꾸면서 왼손평권으로 상대를 가격한다.

2. 양손을 교차하며 앞, 뒤 평권으로 양쪽의 상대를 가격하고 오른손을 돌려 막아 왼손 후권으로 상대를 가격한다. 오른발 뒷굽이하면서 오른손으로 상단, 왼손으로 하단을 방어한다.

3. 왼발앞굽이로 바꾸면서 오른손 평권으로 상대를 가격하고 양손을 교차해서 앞, 뒤 평권으로 양쪽 상대를 공격한다. 왼손을 돌려 막아 오른손 후권으로 상대를 가격한다.

4. 정면을 보고 오른손으로 돌려 막으면서 왼손 평권으로 정면 상대를 가격하고 다시 왼손을 안으로 돌려막으며 오른손 중지권으로 상대의 명치를 가격한다. 다시 양손으로 크게 원을 그리며 처음 자세로 방어한다.

제 10 장
비상격기술

비상격기술

상대가 띠를 아래에서 위로 잡았을 때

1. 상대가 띠를 잡았을 때 두 눈으로 상대를 주시한다.

2. 왼손으로 상대의 팔목을 아래에서 위로 받쳐 내쪽으로 잡아당기며 상대의 중관절이 펴질 수 있게 한다.

3. 왼발이 뒤로 빠지면서 오른손 수도로 상대의 오리혈을 가격한다.

4. 상대의 오리혈을 가격함과 동시에 왼발을 뒤로 전환하여 내 쪽으로 잡아당긴다.

5. 왼 무릎으로 상대의 목을 눌러 제압한다.

유단자의 한마디

상대의 오리혈을 수도로 가격할 때에는 위에서 아래로 쓸어내리며 가격하는 것이 좋다.

비상격기술

상대가 띠를 위에서 잡았을 때

1. 상대가 띠를 위에서 아래로 잡았을 때 두 눈으로 상대를 주시한다.

2. 오른발이 뒤로 빠지면서 왼손으로 상대의 팔목을 잡는다.

3. 오른손 장으로 상대의 엄지손가락을 바깥쪽으로 꺾는다.

4. 상대의 엄지손가락을 꺾어준 상태에서 왼발이 왼쪽으로 전환하여 상대를 잡아당긴다.

5. 왼 무릎으로 상대의 목을 누르고 제압한다.

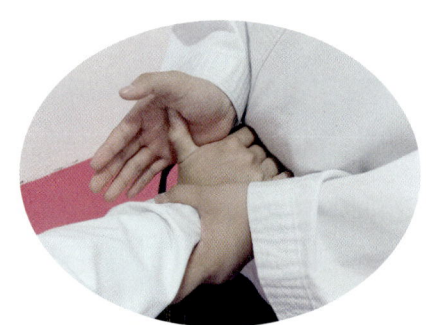

유단자의 한마디

상대의 엄지손가락을 누를 때에는 왼손으로 상대의 손목을 받쳐주며 오른손장으로 기를 살려 엄지손가락을 꺾는다.

비상격기술

상대가 머리를 잡았을 때

1. 상대가 머리를 잡았을 때 두 눈으로 상대를 주시한다.
2. 오른손으로 상대 손등을 잡고 왼발 앞으로 전진하면서 상대의 팔목을 꺾어준다.
3. 왼 손바닥으로 상대의 중관절을 받치듯이 하여 관수로 상대의 극천을 노린다.

4. 왼손 관수로 상대의 극천을 찌른다.
5. 상대가 넘어지면 앞차기, 찍어차기 등 기본족술로 상대를 가격한다.

유단자의 한마디

상대의 극천을 공격할 때에는 찌르기 전에 손바닥에서 손등으로 손목을 틀어 가격하는 것이 효율적이다.

비상격기술

상대가 멱살을 잡았을 때

1. 상대가 멱살을 잡았을 때 두 눈으로 상대를 주시한다.

2. 오른손으로 상대의 오른 손목을 잡는다.

3. 왼발이 상대 오른발 위중 쪽을 받치고 왼손으로 상대의 앞머리를 잡아당긴다.

4. 발을 뒤로 전환해서 상대를 잡아당긴다.

5. 오른손 팔꿈치로 상대의 목을 눌러 제압한다.

유단자의 한마디

상대를 제압할 때에는 양손으로 상대의 팔목까지 꺾어 제압하는 것이 좋다.

비상격기술

상대가 오른쪽 어깨를 잡았을 때

1. 상대가 어깨를 잡았을 때 두 눈으로 상대를 주시한다.

2. 왼손으로 상대의 손목을 잡는다.

3. 오른손 후권으로 아래에서 위로 상대의 삼두쪽을 가격한다.

4. 양손으로 상대의 팔목 관절을 잡는다.

5. 양손으로 상대의 팔목을 잡은 상태에서 왼발 찍어차기로 상대를 가격한다.

유단자의 한마디

상대의 삼두쪽을 후권으로 가격할 때는 가격과 동시에 손목을 위로 해서 가격하는 것이 좋다.

제 11 장
기본공격술

기본공격술

어깨 관절 꺾기

1. 상대의 두 눈을 중심으로 전신을 주시한다.

2. 양손으로 상대의 팔목을 잡아 오른발이 상대 쪽으로 들어가면서 상대의 팔목을 오른쪽으로 꺾어준다.

3. 왼발이 상대 앞으로 들어가서 상대의 중관절을 머리위로 넘겨 오른쪽 어깨위에 올린다.

4. 상대의 팔을 왼쪽으로 잡아당겨 상대를 앞으로 넘어트린다.

5. 상대의 중관절을 말아 넣고 무릎으로 눌러 제압한다.

유단자의 한마디

3번과 같은 상황에서는 상대의 중관절이 펴져 있어야 하며 내쪽으로 붙여 아래에서 위로 올려주는 것이 좋다.

기본공격술

손목관절 꺾기

1. 상대의 두 눈을 중심으로 전신을 주시한다.
2. 왼손으로 상대의 오른 손목을 틀어 꺾는다.
3. 오른손 장으로 상대의 틀어진 손목을 밀어 넘긴다.

4. 넘어진 상대의 팔을 내 쪽으로 당겨준다.
5. 무릎으로 어깨를 제압하고 정권으로 타격한다.

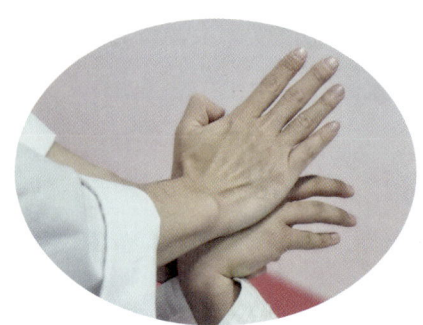

유단자의 한마디

손목을 틀어준 후에는 반드시 전환법을 이용하여 상대를 넘어트려 준다.

기본공격술

중관절 꺾기

1. 두 눈을 중심으로 상대를 주시한다.

2. 양손으로 상대의 오른손 팔목을 잡아 오른발을 상대 쪽으로 전진하면서 오른쪽으로 꺾어준다.

3. 왼발이 상대 쪽으로 들어가면서 상대의 중관절을 삼두 쪽에 두고 중관절을 펴준다.

4. 오른발을 뒤로 전환하면서 상대를 잡아당긴다.

5. 왼 무릎으로 상대의 어깨관절을 누르고 왼손으로 상대의 앞머리를 잡아챈다.

유단자의 한마디

이 관절기에서는 상대의 중관절에 나의 체중을 실어 밀어줘야 하며 상대의 중관절이 펴져있어야 한다.

기본공격술

위중걸어넘기기

1. 상대의 두 눈을 중심으로 전신을 주시한다.
2. 상대의 오른손의 손목을 감싸 쥔다.
3. 오른손 장법으로 상대의 어깨를 오른발로 상대의 위중을 타격한다.

4. 넘어진 상대의 오른손을 잡아챈다.
5. 무릎으로 상대 어깨를 제압하고 팔꿈치로 상대의 목을 제압한다.

유단자의 한마디

뒷꿈치로 상대 위중을 강하게 타격하여 넘긴다.

기본공격술

염천찌르기

1. 두 눈을 중심으로 상대를 주시한다.

2. 왼손 수도로 상대의 팔목을 위에서 아래로 내려주며 상대쪽으로 전진해 들어가서 왼손으로 상대의 늑골을 잡아 내 쪽으로 당긴다.

3. 오른손 엄지손가락에 기를 살려 상대의 염천을 누른다.

4. 왼손으로 상대의 몸을 돌려 오른발을 전환해서 상대의 염천을 누른다.

5. 왼발 앞굽이 하면서 상대를 밀어 버린다.

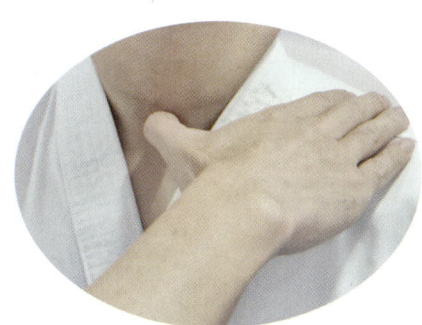

유단자의 한마디

상대의 염천을 누를 때에는 상대가 뒤로 움직이지 않게 왼손으로 상대의 늑골을 잡아 주는 것이 좋다.

제 3 편
중급편

合氣道

- 제1장 손목수
- 제2장 상·하수기
- 제3장 맥문사상권법
- 제4장 맥문사상족기법
- 제5장 금강권법방권술
- 제6장 속결족방권술
- 제7장 몸잡기퇴치법(정면·후면)
- 제8장 의복술(정면·후면)
- 제9장 접합선술
- 제10장 국무형
- 제11장 복식족술

제 1 장
손목수

손목수

바깥손목 잡혔을 때(후면꺾기)

1. 상대가 왼손으로 나의 오른손을 잡았을 때 두 눈으로 상대를 주시한다.
2. 오른손에 기를 살려 오른발이 전진해 들어가 상대의 팔목을 가위손으로 받쳐 올린 다음 왼손으로 상대의 곡지혈을 잡는다.
3. 왼발이 상대 뒤로 전진하여 들어가며 상대의 팔을 꺾는다.

4. 왼손으로 상대의 앞머리를 잡아채고 오른발로 상대의 왼 다리(위중혈)를 누른다.
5. 상대의 가슴을 오른 무릎으로 누르고 주먹으로 상대의 안면을 가격한다.

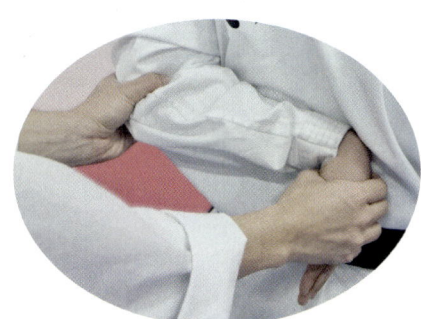

유단자의 한마디

상대의 팔을 꺾을 때에는 왼손으로 상대의 중관절쪽 급소(곡지혈)을 누르는 것이 좋으며 상대의 팔목도 같이 꺾어준다.

손목수

바깥손목 잡혔을 때(정면꺾기)

1. 상대가 왼손으로 나의 오른손을 잡았을 때 두 눈으로 상대를 주시한다.

2. 오른발을 뒤로 빼서 왼손으로 상대의 손(합곡)을 감싸 잡는다.

3. 오른발이 상대의 왼쪽 45°로 들어가서 상대의 중관절을 오른팔 겨드랑이(극천혈)에 붙여 꺾어준다.

4. 왼발을 오른쪽 뒤로 전환해 상대를 잡아당긴다.

5. 상대의 왼팔을 꺾어 중관절쪽을 무릎으로 누르고 왼손으로 상대의 앞머리를 잡아챈다.

유단자의 한마디

상대의 중관절을 꺾을 때에는 양손으로 상대의 손목관절도 같이 꺾어주는 것이 좋다.

손목수

안손목 잡았을 때(중관절꺾기)

1. 상대가 오른손으로 안 손목을 잡았을 때 두 눈으로 상대를 주시한다.

2. 오른손에 기를 살리고 상대 팔 밑 좌측으로 돌려 상대 팔목을 잡는다.

3. 왼손 수도로 상대의 중관절을 위에서 아래로 받쳐 꺾어 준다.

4. 오른발 뒤로 전환해서 상대를 오른쪽으로 잡아당긴다.

5. 왼 무릎으로 상대의 어깨관절을 누르고 왼손으로 상대의 앞머리를 잡아챈다.

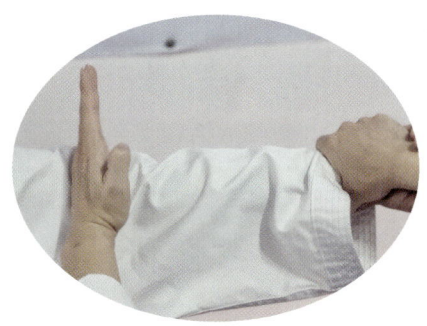

유단자의 한마디

상대의 중관절을 수도로 꺾을 때에는 상대의 중관절이 펴져 있어야 상대를 술기로 제압하기 편리하다.

손목수

상대가 안손목 잡았을 때(손목관절꺾기)

1. 상대가 오른손으로 안 손목을 잡을 때 두 눈으로 상대를 주시한다.
2. 오른손에 기를 살려 오른쪽으로 틀어 상대의 손등을 왼손으로 맞잡는다.
3. 오른발이 상대 왼쪽으로 전진해 들어가 오른손을 뺀 후 수도로 상대의 손등을 누른다.

4. 왼발이 뒤쪽으로 전환해서 상대를 잡아당긴다.
5. 상대의 손등을 땅에 대고 말아 넣어 오른발 무릎으로 상대의 오리혈 쪽을 눌러 제압한다.

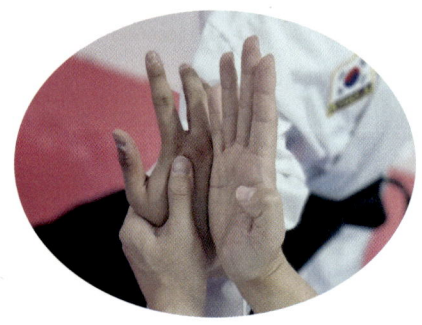

유단자의 한마디

상대의 팔을 꺾을 때에는 왼손 엄지손가락으로 상대의 손등을 확실히 꺾은 상태에서 손등칼넣기를 해야 더욱 효과적이다.

손목수

바깥손목 잡혔을 때(측면꺾기)

1. 상대가 오른손으로 나의 왼손 팔목을 잡았을 때 손에 기를 살리고 두 눈으로 상대를 주시한다.

2. 왼 손목을 바깥쪽으로 살짝 돌려 오른손으로 상대의 팔목을 잡는다.

3. 양손으로 상대의 팔목을 잡아 오른쪽으로 돌려 손목 관절과 어깨 관절을 꺾는다.

4. 왼발 옆차기로 상대의 경골을 가격한다.

5. 왼 무릎으로 상대의 어깨 관절을 누르며 제압한다.

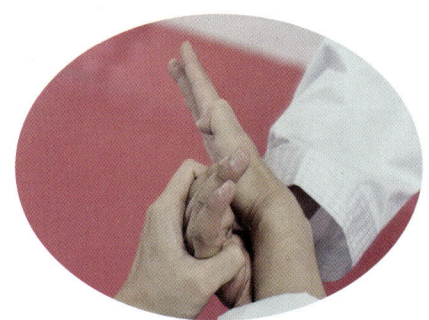

유단자의 한마디

상대의 손목관절을 꺾을 시에는 상대의 약지 손가락이 하늘을 향하게 하여야 정확하게 상대를 제압할 수 있다.

제 2 장
상·하수기

상·하수기

상수기 : 상대가 양손으로 나의 팔목을 잡았을 때

1. 손가락에 기를 살려 상대를 주시한다.
2. 팔꿈치를 옆으로 돌려 손과 수평을 만든다.
3. 왼손으로 상대의 왼손 팔목을 잡아 왼쪽으로 꺾는다.

4. 오른손으로 상대의 왼쪽 극천혈을 관수로 찌른다.
5. 상대의 팔목을 양손으로 잡고 왼쪽 어깨 관절을 오른 무릎으로 누르며 제압한다.

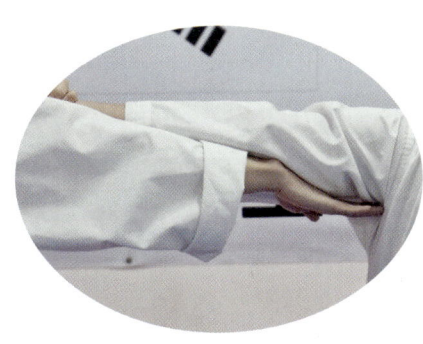

유단자의 한마디

상대의 극천혈을 찌를 때에는 관수를 찌르는 동시에 틀어주는 것이 더욱 효과적이다.

상 · 하수기

상수기 : 상대가 양손으로 팔목을 잡았을 때

1. 손가락에 기를 살리고 상대를 주시한다.
2. 팔을 나의 쪽으로 당겨 상대 양팔 사이로 나의 왼손을 아래에서 위로 넣어서 맞잡는다.
3. 오른발이 상대 쪽으로 들어가면서 오른 팔꿈치를 올린다.

4. 체중을 실어 팔꿈치로 상대의 대동맥을 가격한다.
5. 오른발 옆차기로 상대의 안면을 가격한다.

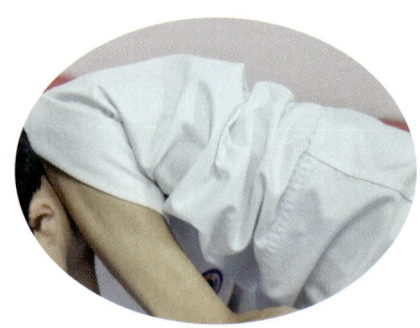

유단자의 한마디

팔꿈치로 상대의 대동맥을 가격할 시에는 팔꿈치를 위에서 아래로 상대를 가격하여 주는 것이 더욱 좋다.

상 · 하수기

하수기 : 상대가 양손으로 팔목을 잡았을 때

1. 손가락에 기를 살리고 상대를 주시한다.

2. 상대에게 잡힌 상태에서 팔을 아래로 내린다.

3. 왼손을 상대 팔 사이로 넣어 양손을 맞잡는다.

4. 오른발이 상대 쪽으로 들어가면서 오른 팔꿈치를 상대 쪽으로 들어올린다.

5. 오른 팔꿈치로 상대의 턱을 아래에서 위로 가격한다.

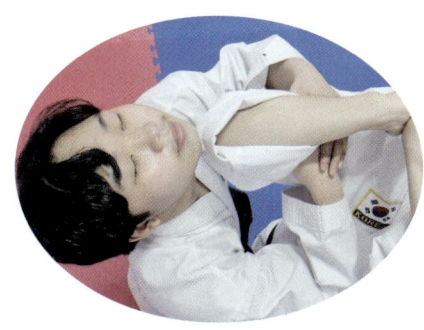

유단자의 한마디

팔꿈치로 상대를 가격할 시 상대에게 잡힌 손을 내 쪽으로 잡아당겨 가격해야만 팔꿈치로 상대의 턱을 정확히 가격할 수 있다.

상 · 하수기

하수기 : 상대가 양손으로 팔목을 잡았을 때

1. 손가락에 기를 살려 상대를 주시한다.

2. 상대에게 잡힌 상태에서 팔을 아래로 내린다.

3. 손을 순간적으로 올리며 왼손으로 상대의 왼 손목을 잡아 왼쪽으로 꺾어 내린다.

4. 오른발이 상대 쪽으로 들어가면서 오른쪽 수도로 상대의 중관절을 꺾는다.

5. 왼발을 뒤로 전환해서 상대를 잡아당겨 오른 무릎으로 상대의 어깨관절을 누르고 오른손으로 상대의 앞머리를 잡아당긴다.

유단자의 한마디

상대의 중관절을 수도로 누를 시에는 왼손으로 상대의 팔목까지 꺾어주는 것이 좋다.

상 · 하수기

하수기 : 상대가 양손으로 팔목을 잡았을 때

1. 손가락에 기를 살려 상대를 주시한다.

2. 팔을 오른쪽으로 올린다.

3. 왼손으로 상대의 오른팔을 잡는다.

4. 오른발이 상대 쪽으로 들어가면서 오른손 수도로 상대의 손등을 누른다.

5. 왼발 뒤로 전환하면서 상대를 잡아당겨 팔을 안으로 말아 넣고 무릎으로 상대의 오리혈 쪽을 눌러 제압한다.

유단자의 한마디

상대의 손등칼넣기를 할 시에는 상대의 손목 관절을 상대 쪽으로 밀어 꺾어주는 것이 더욱 좋다.

제 3 장
맥문사상권법

맥문사상권법

객주인

1. 상대를 보고 방어자세를 취한다.
2. 상대가 왼손을 공격해올 때 오른손으로 안에서 바깥으로 원을 그려 막는다.
3. 상대가 오른손으로 다시 공격할 때 왼발 전진하여 왼손으로 안에서 바깥으로 원을 그려 막는다.

4. 왼손으로 상대의 손목을 잡고 오른발 전진하며 오른손은 후권으로 상대의 얼굴 쪽으로 올려 왼손과 교차시킨다.
5. 왼손을 밑으로 내려주며 오른손 후권으로 상대 객주인을 가격한다.

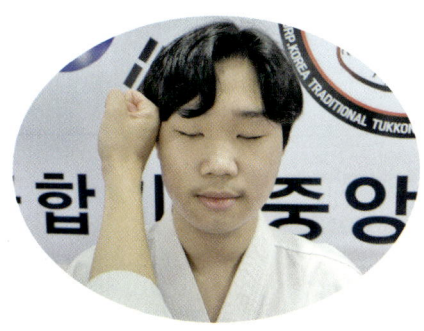

유단자의 한마디

상체를 약간 앞으로 하여 주먹에 체중이 실리게 하고 때릴 때 손목을 바깥쪽으로 하여 타격을 한다.

맥문사상권법

낭심

1. 상대를 보고 방어자세를 취한다.

2. 오른손으로 안에서 밖으로 원을 그려 막는다.

3. 왼발 전진하며 왼손으로 안에서 밖으로 원을 그려 막는다.

4. 오른발 상대 앞쪽으로 전진하며 자세를 낮추고 후장은 상대의 타격부위를 향한다.

5. 오른발 앞굽이하며 오른손 후장으로 상대 낭심을 공격한다.

유단자의 한마디

후장으로 공격할 때에는 타격 지점에서 팔을 멈춰 끊어치기로 친다.

맥문사상권법

늑골

1. 오른손으로 안에서 밖으로 원을 그려 막는다.

2. 왼팔 전진하며 왼손으로 안에서 밖으로 원을 그려 막는다.

3. 오른발 전진하며 왼손으로 상대 왼팔을 잡아당겨주고 오른팔을 상대 팔 뒤로 넘겨준다.

4. 오른발 앞굽이하며 오른팔 꿈치로 상대 늑골을 가격한다.

5. 왼손을 오른손에 대주며 밀어준다.

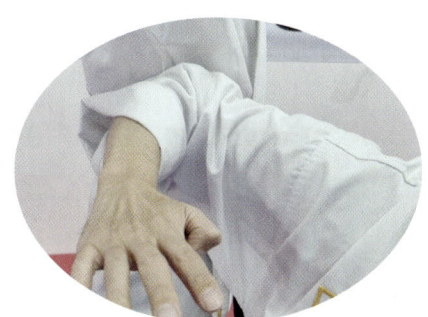

유단자의 한마디

꿈치치기로 타격이 됐을 때 손끝을 펴 팔꿈치에 기를 살려서 친다.

맥문사상권법

대동맥

1. 상대를 보고 방어자세를 취한다.
2. 오른손으로 안에서 밖으로 원을 그려 막는다.
3. 왼발 전진하며 왼손으로 안에서 밖으로 원을 그려 막는다.

4. 오른발 전진하며 오른손 수도를 자신 쪽으로 빼준다.
5. 왼손 밑으로 내려주며 오른손 수도로 상대 대동맥을 가격한다.

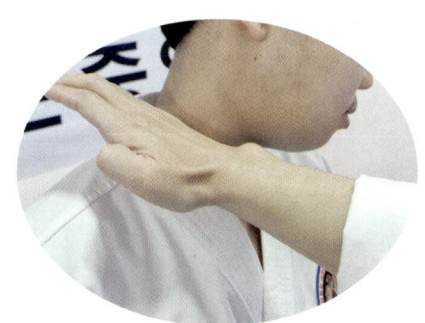

유단자의 한마디

대동맥을 가격할 때에는 대동맥이 끝나는 지점을 가격하는 것이 좋다.

맥문사상권법

유중

1. 상대를 보고 방어자세를 취한다.
2. 오른손으로 안에서 밖으로 원을 그려 막는다.
3. 왼발 전진하며 왼손으로 안에서 밖으로 원을 그려 막는다.

4. 오른발 45° 옆으로 빠지며 왼손으로 상대팔을 조금 들어준다.
5. 왼발 앞굽이하며 오른손 장으로 상대 유중을 가격한다.

유단자의 한마디

유중을 가격할 때에는 아래에서 위로 올려쳐서 가격한다.

제 4 장
맥문사상족기법

맥문사상족기법

객주인타격

1. 공격자세를 잡고 두 눈을 중심으로 상대를 주시한다.

2. 상대의 오른손 주먹을 왼손 수도로 안에서 밖으로 막는다.

3. 상대의 막은 손목을 잡고 무릎을 올린다.

4. 찍어차기로 상대의 객주인을 타격한다.

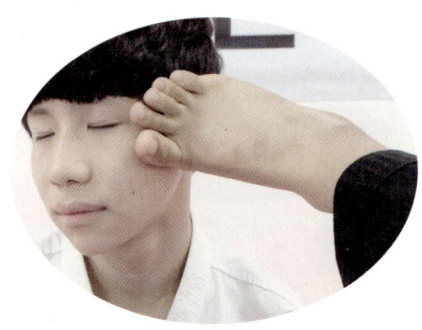

유단자의 한마디

상대의 객주인을 가격할 시에는 족두를 살려서 가격하는 것이 더욱 좋다.

맥문사상족기법

뇌호타격

1. 방어자세를 잡고 두 눈을 중심으로 상대를 주시한다.

2. 상대의 오른손 주먹을 왼손 수도로 밖에서 안으로 막는다.

3. 몸을 돌려 상대를 확인하고 오른 무릎을 올린다.

4. 오른발 뒤꿈치로 상대의 뇌호를 가격한다.

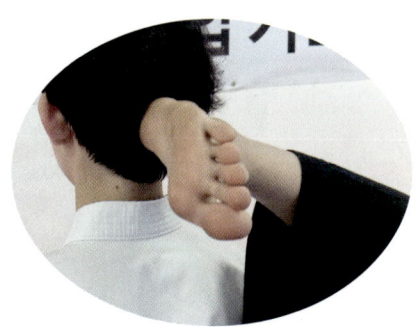

유단자의 한마디

돌아차기로 상대의 뇌호를 가격할 때에는 정확하게 뒤꿈치로 상대를 가격하는 것이 좋다.

맥문사상족기법

늑골타격

1. 방어자세를 잡고 두 눈을 중심으로 상대를 주시한다.

2. 상대의 오른손 주먹을 오른손으로 막는다.

3. 상대의 손목을 잡고 무릎을 올린다.

4. 족날을 살려 상대의 늑골을 가격한다.

유단자의 한마디

옆차기는 족날을 살려 밀어주듯이 차는 것이 가장 효과적이다.

맥문사상족기법

명치타격

1. 공격자세를 잡고 두 눈을 중심으로 상대를 주시한다.
2. 상대의 오른손 주먹을 왼손 수도로 막는다.
3. 상대의 손목을 잡고 무릎을 들어 올린다.

4. 앞차기로 상대의 명치를 족두로 가격한다.

유단자의 한마디

상대의 명치를 가격할 때에는 족두를 살려서 정확하게 급소를 공격한다.

맥문사상족기법

족기문타격

1. 공격자세를 잡고 두 눈을 중심으로 상대를 주시한다.
2. 상대의 오른손 주먹을 왼손 수도로 안에서 밖으로 막는다.
3. 상대의 손목을 잡고 무릎을 들어 올린다.

4. 상대의 족기문을 하단찍어차기로 가격한다.

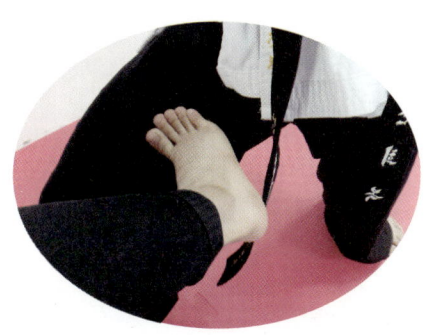

유단자의 한마디

상대의 족기문을 가격할 때에는 족두를 살려 정확하게 가격한다.

제 5 장
금강권법방권술

금강권법방권술

중관절꺾기

1. 상대 두 눈을 중심으로 전신을 주시한다.

2. 상대의 주먹이 들어올 때 안에서 바깥으로 막는다.

3. 오른발 앞굽이하며 왼손으로 상대 오른손 주먹을 막는다.

4. 왼발이 상대 쪽으로 전진해 들어가며 상대의 중관절을 꺾어준다.

5. 왼 무릎으로 상대 어깨관절을 누르고 상대의 앞머리를 잡아들어 올려 제압한다.

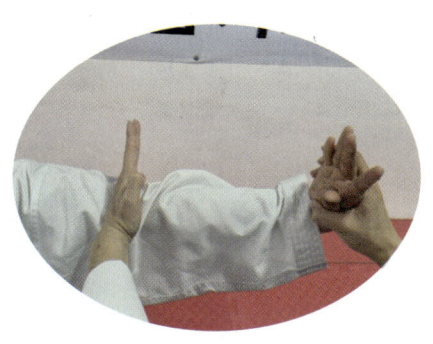

유단자의 한마디

오른팔을 당기며 왼손으로 중관절을 누르며 꺾어준다.

금강권법방권술

꿈치로 늑골 치기

1. 상대 두 눈을 중심으로 전신을 주시한다.

2. 주먹이 밑에서 들어올 때 자세를 낮추며 X자로 상대 주먹을 막는다.

3. X자로 막은 손을 들어 올린다.

4. 상대방의 손을 잡고 오른발 전진하면서 팔꿈치로 상대 늑골을 친다.

5. 쓰러진 상대의 어깨관절을 왼 무릎으로 눌러 꺾는다.

유단자의 한마디

꿈치는 주먹을 쥐지 않고 손을 펴 기를 살린다.

금강권법방권술

어깨 관절 꺾기

1. 상대 두 눈을 중심으로 전신을 주시한다.

2. 상대가 주먹이 들어올 때 오른손으로 쳐 막는다.

3. 상대 손을 돌려 내 어깨까지 올려 상대 중관절을 누른다.

4. 내 양손을 깍지 껴 상대 중관절을 누른다.

5. 오른발 전환하며 상대방을 쓰러뜨린다.

유단자의 한마디

양 손을 깍지껴 상대 중관절을 누른다.

금강권법방권술

팔꺾기

1. 상대 두 눈을 중심으로 전신을 주시한다.

2. 주먹이 밑에서 들어올 때 자세를 낮추며 X자로 상대 주먹을 막는다.

3. 왼발 전진하며 X로 막은 손을 들어올린다.

4. 상대쪽으로 돌아 들어가 팔을 잡아 올린다.

5. 오른손이 상대 앞머리를 잡고 내 차기로 찬다.

유단자의 한마디

상대 팔 관절을 꺾을 때에는 손목 관절도 함께 꺾어주는 것이 좋다.

금강권법방권술

십자꺾기

1. 상대 두 눈을 중심으로 전신을 주시한다.

2. 상대의 주먹이 들어올 때 오른손 팔뚝으로 쳐 막는다.

3. 오른발 전진하며 상대 손을 십자로 꺾는다.

4. 왼발 전환하며 상대를 쓰러뜨린다.

5. 오른발 무릎 누르고 정권으로 상대 얼굴을 가격한다.

유단자의 한마디

십자꺾기에서는 왼손으로 나의 오른손 팔뚝을 잡아 상대 팔이 빠지지 않게 한다.

제 6 장
속결족방권술

속결족방권술

앞차기방어

1. 방어자세로 상대의 두 눈을 주시한다.

2. 상대의 오른발 앞차기를 양손을 교차해서 막아준다.

3. 막은 손으로 상대의 발목을 잡고 오른발 앞차기로 상대의 음문혈을 가격한다.

4. 상대가 넘어지면 잡은 발을 내쪽으로 잡아당긴다.

5. 오른손으로 상대의 발목을 잡고 오른발 옆차기로 상대의 얼굴을 가격한다.

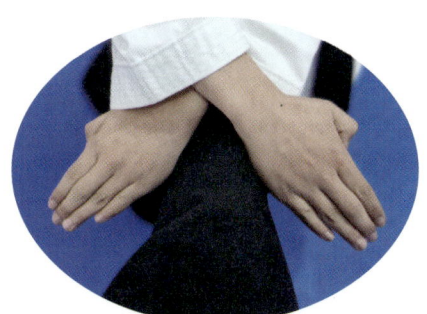

유단자의 한마디

상대가 앞차기 할 때 오른팔 왼팔이 교차해서 양 수도로 위에서 아래로 내리며 막아주는 것이 좋다.

속결족방권술

찍어차기 방어

1. 방어자세로 상대의 두 눈을 주시한다.

2. 상대의 찍어차기를 오른발 45° 옆으로 빠지면서 오른손은 좌측상단, 왼손을 하단을 막아준다.

3. 왼손으로 상대의 발목을 걸고 오른손으로 상대의 옷깃을 잡는다.

4. 오른손은 당기면서 오른발로 상대의 왼발 발목을 걸고 넘어뜨린다.

5. 오른손 수도로 상대의 안면을 가격한다.

유단자의 한마디

상대의 찍어차기를 방어할 때에는 오른손은 좌측 안면 왼손은 하단을 막아주며 상대쪽으로 들어가서 방어하는 것이 더욱 효율적이다.

속결족방권술

옆차기방어

1. 방어자세로 상대의 두 눈을 주시한다.

2. 상대의 옆차기를 오른손은 좌측 상단, 왼손은 하단을 막아준다.

3. 양손으로 상대의 발목을 잡아 나의 왼쪽으로 잡아당긴다.

4. 오른발 뒤꿈치로 상대의 위중혈을 위에서 아래로 가격한다.

5. 오른발을 상대의 위중에 걸고 왼손 중관절쪽으로 상대의 발목을 걸어 오른손으로 상대의 앞머리를 잡아당긴다.

유단자의 한마디

상대의 옆차기를 방어할 때에는 양손을 교차하여 방어한 상태에서 양 수도로 상대의 발목을 걸고 내 쪽으로 당겨주는 것이 더욱 유용하다.

속결족방권술

상단 돌아차기 방어

1. 방어자세로 상대의 두 눈을 주시한다.
2. 상대의 돌아차기를 왼발이 앞으로 전진해서 양 수도로 상대의 발목 쪽을 막아준다.
3. 상대의 발이 떨어지면 오른발 옆차기로 상대의 위중혈을 가격한다.

4. 오른손 장으로 상대의 턱을 쳐내린다.
5. 왼손 주먹으로 상대의 안면을 가격한다.

유단자의 한마디

상대가 상단 돌아차기 들어오는 것을 정확히 보고 양 수도로 상대 승산쪽을 가격한다는 생각으로 방어하는 것이 좋다.

속결족방권술

하단 돌아차기 방어

1. 방어자세로 상대의 두 눈을 주시 한다.

2. 하단돌아차기를 왼발이 앞으로 전진해서 상대의 승산 쪽을 막아준다.

3. 왼손으로 상대의 앞머리를 잡아 챈다.

4. 왼발 전환해서 오른손 수도를 세운다.

5. 수도로 상대의 천돌 또는 대동맥을 가격한다.

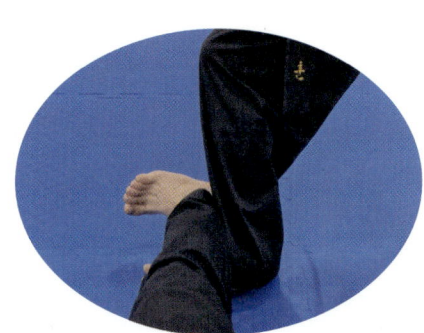

유단자의 한마디

상대의 하단돌아차기를 방어할 때에는 상대의 발차기를 확인하고 왼발이 상대 쪽으로 깊숙이 들어가서 상대의 승산쪽을 경골로 막아주는 것이 좋다.

제3편 중급편

제 7 장
몸잡기퇴치법

몸잡기퇴치법

상대가 머리를 잡았을 때

1. 두 눈을 중심으로 상대를 주시한다.

2. 오른팔로 상대의 손목을 아래에서 위로 받친다.

3. 왼손 역수도로 상대편의 중관절을 위에서 아래로 내려 쳐준다.

4. 상대의 관절을 꺾은 상태에서 왼발을 뒤로 전환해 상대를 내 쪽으로 잡아당긴다.

5. 상대의 오른 손바닥을 지면에 대고 팔을 안쪽으로 말아 넣어 오리혈쪽을 오른 무릎으로 눌러 제압한다.

유단자의 한마디

3번과 같은 상황에서는 상대의 팔을 꺾을 때 상대 쪽으로 밀면서 꺾어주는 것이 좋다.

몸잡기퇴치법

상대가 앞에서 목을 감았을 때

1. 상대가 목을 감으면 턱을 내 쪽으로 당겨준다.

2. 왼손으로 상대의 합곡혈을 잡고 오른손으로 상대의 곡지혈을 잡아 밑으로 내려준다.

3. 왼발이 상대 쪽으로 들어가면서 오른손으로 상대의 위중혈을 잡아준다.

4. 왼손 장으로 상대의 턱을 아래에서 위로 받쳐 밀며 오른손으로 상대의 위중혈을 눌러준다.

5. 상대가 쓰러지면 오른발 옆차기로 상대의 목을 가격한다.

유단자의 한마디

4번과 같은 상황에서는 왼손 장으로 상대의 턱을 밀어주는 동시에 상대의 허리를 오른손으로 감아 당겨주는 것이 좋다.

몸잡기퇴치법

상대가 양어깨를 잡았을 때

1. 두 눈을 중심으로 상대를 주시한다.

2. 오른발이 상대 쪽으로 들어가면서 양 수도로 상대 중관절을 안에서 밖으로 가격하면서 벌려준다.

3. 양 수도로 상대편의 대동맥을 가격한다.

4. 양 손으로 상대의 목을 잡고 왼발 무릎으로 상대의 명치를 가격한다.

5. 왼 무릎으로 상대의 목을 누르고 제압한다.

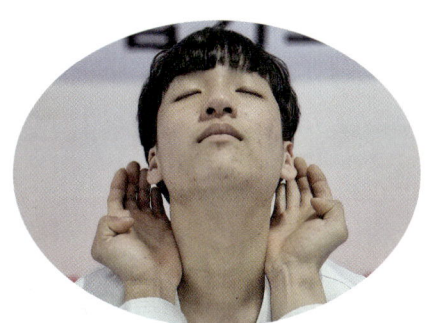

유단자의 한마디

양 수도로 상대의 목을 가격할 때에는 앞에서 뒤로 밀어 주면서 가격하는 것이 좋다.

몸잡기퇴치법

상대가 앉았을 때 [1]

1. 상대가 앉았을 때 몸에 기를 살려 상대를 주시한다.
2. 왼손으로 상대의 앞머리를 잡아 뒤로 챈다.
3. 오른손 장으로 상대의 턱을 아래에서 위로 받친다.

4. 왼발을 뒤로 전환하면서 상대를 잡아당긴다.
5. 왼손으로 상대의 목을 잡고 오른손 수도로 상대를 가격한다.

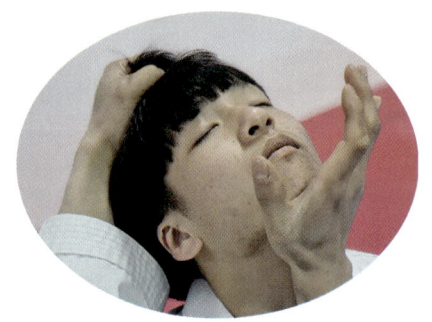

유단자의 한마디

뒤로 전환할 때에는 상대의 목을 뒤로 재껴서 오른손 장으로 상대의 턱을 돌리면서 전환하여야 더욱 효과적이다.

몸잡기퇴치법

상대가 안았을 때 [2]

1. 상대가 안았을 때 몸에 기를 살려 상대를 주시한다.

2. 이마로 상대의 오른쪽 객주인을 가격한다.

3. 오른발 전진하면서 양 엄지손가락으로 상대의 충문혈을 누른다.

4. 양 손으로 상대의 양팔을 잡아 좌우로 벌린다.

5. 오른발 옆차기로 상대의 턱을 가격한다.

유단자의 한마디

상대의 충문혈을 누를 때에는 양 엄지손가락으로 충문혈을 누르면서 뒤로 밀어준다.

몸잡기퇴치법

상대가 뒤에서 껴안았을 때

1. 상대가 뒤에서 안았을 때

2. 양손으로 상대의 손을 잡고 머리를 뒤로 젖혀서 상대방의 안면을 박치기로 가격한다.

3. 허리를 숙여 나의 다리사이로 손을 넣어 상대의 오른발 곤륜혈을 깍지를 껴서 잡는다.

4. 잡은 발목을 내 쪽으로 잡아당겨 상대가 뒤로 넘어지게 한다.

5. 오른발 옆차기로 상대의 턱 (천용) 쪽을 가격한다.

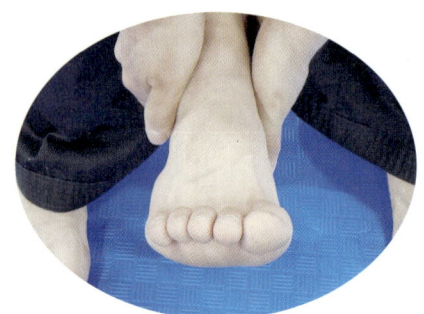

유단자의 한마디

상대의 발목을 잡을 때에는 손으로 깍지를 껴서 완벽하게 상대의 발목쪽을 잡아 앞으로 당겨준다.

몸잡기퇴치법

상대가 뒤에서 목감았을 때

1. 상대가 뒤에서 오른손으로 목을 감았을 때

2. 양손으로 상대의 팔을 잡고 오른 발을 앞으로 들어 올린다.

3. 오른발 뒤꿈치로 상대의 오른발 충향혈을 가격한다.

4. 왼발을 오른쪽으로 빼서 상대 뒤로 옮겨놓고 왼손으로 상대의 팔목을 잡고 오른손으로 상대의 곡지혈을 잡는다.

5. 상대의 오른팔을 뒤로 꺾고 오른 손으로 상대의 앞머리를 잡아챈다.

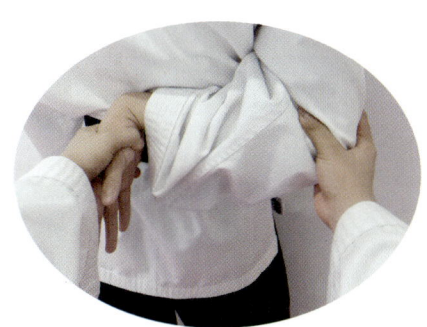

유단자의 한마디

오른손 엄지손가락으로 상대의 곡지혈을 잡고 왼손으로 상대의 손목관절을 같이 꺾어준다.

몸잡기퇴치법

상대가 뒤에서 머리 잡았을 때

1. 상대가 뒤에서 오른손으로 앞머리를 잡았을 때

2. 오른손으로 상대의 오른손을 잡아 머리 쪽으로 눌러 내린다.

3. 왼발이 빠지면서 왼손 팔꿈치로 상대의 명치를 가격한다.

4. 왼손으로 상대의 중관절 쪽을 아래서 위로 받친다.

5. 오른발 앞굽이 하면서 상대의 중관절을 꺾어준다.

유단자의 한마디

명치를 가격할 때는 오지를 살리고 팔꿈치로 공격하는 것이 상대에게 더 큰 타격을 줄 수 있다.

몸잡기퇴치법

깍지 끼고 허리 안았을 때

1. 상대가 뒤에서 팔 안으로 깍지 껴 안았을 때

2. 양손으로 상대의 손을 잡고 체중을 실어 아래로 내린다.

3. 양손으로 상대의 양 중지를 잡아 꺾는다.

4. 양손을 벌려 오른발을 들어 상대를 확인한다.

5. 오른발 옆차기로 상대를 가격한다.

유단자의 한마디

상대의 손가락 관절을 꺾을 때에는 상대편 손을 아래로 내려 준 상태에서 중지를 잡아 좌, 우로 벌린다.

몸잡기퇴치법

상대가 머리를 감싸 안았을 때

1. 상대가 나의 머리를 감싸 안았을 때

2. 상대의 감은 팔을 최대한 내려 호흡을 편하게 한다.

3. 왼손은 상대의 무릎 뒤에 오른손은 상대의 어깨를 당겨준다.

4. 왼손으로 상대의 위중을 밀어주며 몸을 전환한다.

5. 쓰러진 상대의 목을 무릎으로 눌러 제압한다.

유단자의 한마디

위중을 밀어주는 손은 가위손으로 상대의 어깨를 잡은 손은 움켜 쥐듯이 한다.

제 8 장
의복술

의복술

멱살잡혔을 때

1. 양발을 어깨너비로 벌리고 손끝을 펴서 기를 살린다.

2. 왼손 엄지손가락으로 상대의 합곡을 잡고, 오른손으로 손목을 아래에서 위로 틀어잡는다.

3. 양손으로 상대의 손목을 감싸 잡은 후 오른발이 전진하여 손목을 꺾으며 오른손 팔꿈치로 상대 중관절을 꺾는다.

4. 왼발을 시계 반대 방향으로 전환하며 오른손 팔꿈치를 자신 쪽으로 당기고 허리를 숙여 체중을 실어준다.

5. 오른 무릎으로 상대의 어깨관절을 눌러주고 양손은 상대 손목을 눌러준다.

유단자의 한마디

3번 동작 시 손목 관절을 상대쪽으로 밀어주고 중관절은 아래로 꺾는다.

의복술

허리띠 잡혔을 때

1. 다리를 벌려 상대의 두 눈을 주시한다.

2. 왼손으로 상대 손목을 잡고 오른손에 기를 살려 상대의 중관절을 밑에서 위로 받친다.

3. 오른발이 상대 쪽으로 전진하면서 체중을 실어 상대의 중관절을 펴준다.

4. 상대의 중관절을 받치고 자세를 낮춰서 머리 위로 상대의 팔을 넘겨 상대의 중관절을 꺾어준다.

5. 상대의 팔을 펴 손등이 하늘로 향하게 해서 오리혈을 눌러 제압한다.

유단자의 한마디

2번 동작 시에는 상대의 중관절이 펴져 있어야 유용하게 쓰일 수 있다.

의복술

어깨옷깃 잡혔을 때

1. 두 눈을 중심으로 상대를 주시한다.

2. 상대에게 잡힌 오른쪽 어깨를 왼쪽으로 살짝 틀어주면서 왼손으로 상대의 손 (합곡)을 잡는다.

3. 오른손에 기를 살려 팔꿈치를 상대의 팔 위로 올린다.

4. 팔꿈치로 상대의 중관절을 가격한다.

5. 상대의 어깨 관절을 무릎으로 누르고 제압한다.

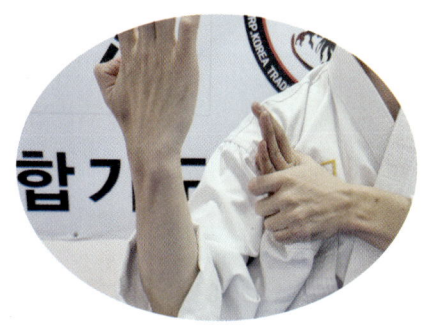

유단자의 한마디

4번 동작 시에는 상대의 중관절이 펴져 있는 상태에서 가격을 해야 더욱 효과적이다.

의복술

손목 옷깃 잡혔을 때

1. 양발을 어깨 넓이로 벌리고 손끝을 펴서 기를 살린다.

2. 왼손 손목을 잡아 상대의 뒤쪽으로 밀면서 왼손으로 상대의 손목을 잡는다.

3. 체중을 실어 상대 쪽으로 밀어주면서 손목 관절을 꺾어 준다.

4. 왼쪽으로 잡아당겨 상대의 어깨를 나의 오른발 앞쪽으로 잡아당겨 무릎으로 상대의 어깨 관절을 누른다.

5. 오른손으로 상대의 앞머리를 위쪽으로 잡아당긴다.

유단자의 한마디

3번 동작 시에 상대의 손목 관절을 꺾을 때에는 상대의 새끼손가락이 하늘을 향하게 하여 관절을 꺾는 것이 좋다.

의복술

중관절 옷깃 잡혔을 때

1. 양발을 벌려 손가락 끝을 펴고 기를 살린다.

2. 오른손을 올려 왼손으로 상대의 중관절 옷깃을 잡아 내 쪽으로 잡아당긴다.

3. 오른손을 바깥쪽으로 돌려 상대의 중관절을 꺾어준다.

4. 상대의 중관절이 꺾인 상태에서 왼발을 뒤로 전환하면서 왼쪽으로 잡아당긴다.

5. 상대의 오리혈을 무릎으로 누르고 정권으로 상대의 얼굴을 가격한다.

유단자의 한마디

3번 동작 시에는 나의 중관절을 펴고 상대의 중관절을 꺾어야 더욱 효과적이며 상대의 관절이 빠지지 않게 하기 위해서는 왼손으로 손목을 잡아주는 것이 좋다.

의복술

상대가 양손옷깃을 잡았을 때

1. 상대가 양손으로 나의 손목 쪽 옷깃을 잡았을 때

2. 양손에 기를 살리고 오른발이 상대의 왼발 뒤로 옮겨 상대의 위중쪽을 무릎으로 받친다.

3. 오른 팔꿈치로 상대의 명치를 앞에서 뒤로 가격한다.

4. 양손을 상대의 양다리 오금혈을 잡고 뒤로 넘긴다.

5. 오른발 옆차기로 상대의 안면을 가격한다.

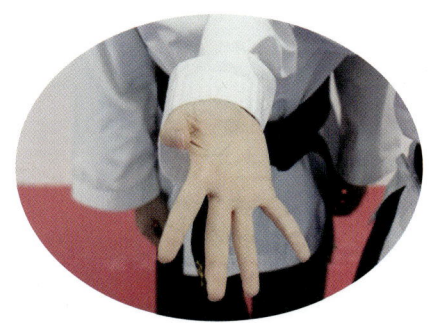

유단자의 한마디

상대의 명치를 꿈치로 가격할 시 아래서 위로 올려 가격하는 것이 효율적이다.

의복술

상대가 양어깨 옷깃을 잡았을 때

1. 상대가 양손으로 나의 양 어깨 옷깃을 잡았을 때

2. 오른발을 뒤쪽으로 빼서 몸을 오른쪽으로 돌려 왼손으로 상대의 오른손을 잡는다.

3. 왼발을 왼쪽 뒤로 전환하면서 상대의 손등을 오른손 수도로 밀며 잡아당긴다.

4. 상대의 손목 관절을 잡아 내 쪽으로 잡아당긴다.

5. 상대 손등을 바닥으로 해 말아넣고 오른발 무릎으로 상대의 오리혈 쪽을 누르고 제압한다.

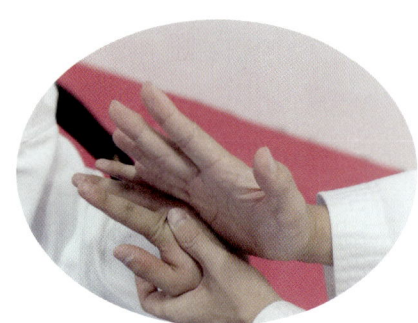

유단자의 한마디

상대의 손등 관절을 꺾을 때에는 왼손 엄지손가락으로 상대의 손등을 받쳐 꺾어주는 것이 효율적이며, 오른손 수도로 기를 살려 상대의 손등을 아래로 내려주는 것이 좋다.

의복술

상대가 오른손으로 어깨옷깃을 잡을 때

1. 상대가 오른손으로 나의 오른쪽 어깨 옷깃을 잡았을 때

2. 왼발이 상대의 오른발 뒤로 들어가서 왼손 중지로 상대의 늑골(일월혈)을 눌러 내 쪽으로 당겨준다.

3. 오른손 장으로 상대의 턱 (천용)을 받친다.

4. 왼발이 뒤로 전환하면서 상대를 뒤로 밀어버린다.

5. 오른 팔꿈치로 상대의 목을 눌러 제압한다.

유단자의 한마디

장으로 상대의 턱을 받칠 때에는 아래서 위로 받치는 것이 좋고 왼손은 상대의 일월혈을 잡아주는 것이 좋다.

의복술

상대가 오른쪽 어깨옷깃을 잡았을 때

1. 상대가 우측에서 나의 오른쪽 어깨 옷깃을 잡았을 때 상대를 주시한다.

2. 오른손 가위손으로 상대의 손목을 아래에서 위로 받치고 왼손으로 상대의 손목을 잡는다.

3. 상대의 중관절을 오른팔 겨드랑이(극천혈)에 붙여 꺾는다.

4. 왼발이 뒤로 전환해서 오른 무릎으로 상대의 어깨 관절을 누른다.

5. 오른손으로 상대의 앞머리를 잡아 챈다.

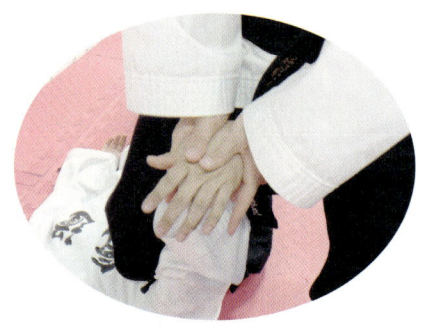

유단자의 한마디

상대의 어깨 관절을 무릎으로 누를 때에는 양손으로 상대와 손목 관절을 꺾는 것이 좋다.

의복술

상대가 띠를 잡았을 때

1. 상대가 우측에서 띠를 잡았을 때 상대를 주시한다.

2. 오른손 가위손으로 상대의 팔목을 위에서 아래로 받친다.

3. 왼발로 상대의 왼발 승산 쪽을 걸고 왼손으로 상대의 중부혈을 가격한다.

4. 상대를 내 쪽으로 잡아당긴다.

5. 오른발 옆차기로 상대의 안면을 가격한다.

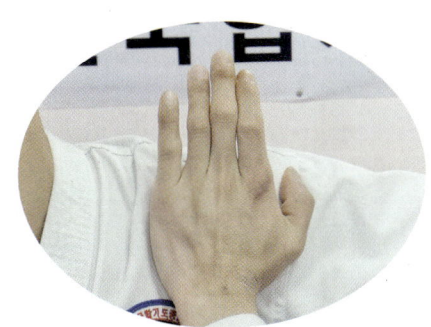

유단자의 한마디

상대의 중부혈을 가격할 때에는 왼발로 상대의 왼발 승산 쪽을 걸어주는 것과 동시에 가격을 하여야 호신술에 효율적이다.

제3편 중급편

제 9 장
접합선술

접합선술

접합선술 1형

1. 오른손은 앞쪽 몸통을 방어하고, 왼손은 옆쪽 몸통을 방어한다.

2. 오른발 앞굽이하며 오른손 수도로 상대 대동맥을 가격한다.

3. 오른발을 축으로 시계 반대 방향으로 회전하여 왼발 앞굽이하며 왼손 수도로 상대 대동맥을 가격한다.

4. 왼손은 얼굴, 오른손은 몸통 쪽을 막아주며 상단 앞차기

5. 오른발 앞굽이하며 오른손 오지권으로 상대 얼굴을 가격한다.

유단자의 한마디

마지막 동작인 오지권을 할 때에는 왼손으로 극천을 방어하며 찌르는 것이 효과적이다.

접합선술

접합선술 2형

1. 오른손은 앞쪽 몸통을 방어하고, 왼손은 옆쪽 몸통을 방어한다.
2. 오른발 앞굽이로 왼손은 극천을 방어하며 오른손 역수도로 상대 대동맥을 가격한다.
3. 오른발을 당기며 왼손은 몸통을 방어하고 오른손 팔꿈치로 상대 앞차기를 방어한다.

4. 양손으로 상대의 목을 잡아 내리며 왼발 무릎으로 상대의 명치를 가격한다.
5. 왼발을 내려놓으며 오른발 안다리로 상대 영양혈을 가격한다.

유단자의 한마디

2번 동작에 있어서 상대의 족술을 팔꿈치로 막을 때 시선은 상대의 무릎 높이에 있어야 한다.

접합선술

접합선술 3형

1. 오른손은 앞쪽 몸통을 방어하고, 왼손은 옆쪽 몸통을 방어한다.

2. 오른발 앞굽이하며 오른손 장으로 상대 늑골을 가격한다.

3. 왼발 전진하며 왼손 중지권으로 상대 미간혈부터 긁어 내린다.

4. 제자리에서 오른손 팔꿈치로 상대 턱을 올려친다.

5. 오른발 전진하며 오른손 수도로 상대 대동맥을 가격한다.

유단자의 한마디

4번 동작 시 왼손은 극천을 방어하고, 팔꿈치는 앞으로 내밀어 주듯이 올려친다.

접합선술

접합선술 4형

1. 오른손은 앞쪽 몸통을 방어하고, 왼손은 옆쪽 몸통을 방어한다.

2. 오른손은 얼굴을 막고, 왼손은 몸통을 막으면서 왼발로 하단 찍어 차기한다.

3. 왼발 앞굽이하며 왼손, 오른손 안으로 돌려 방어한 후 왼손 후권으로 상대 인중을 가격한다.

4. 오른발 전진하며 오른팔 팔꿈치로 상대 턱을 가격한다.

5. 왼발 전진하며 오른손 안으로 돌려 막고 왼손으로 상대 뒷목을 잡아 내린 후 오른팔 팔꿈치로 상대의 명문을 가격한다.

유단자의 한마디

5번 동작 시 손을 펴서 팔꿈치에 기를 살려주는 것이 효과적이다.

접합선술

접합선술 5형

1. 오른손은 앞쪽 몸통을 방어하고, 왼손은 옆쪽 몸통을 방어한다.

2. 왼발 뒷굽이하며 오른손은 몸통을 막고, 왼손은 머리를 방어한다.

3. 제자리에서 오른발 앞굽이 하며 오른손 후권으로 상대의 늑골을 가격한다.

4. 왼발이 전진하며 시계 반대 방향으로 전환 후 왼발 앞굽이하며 쌍장으로 상대의 늑골을 가격한다.

5. 오른발 옆차기로 상대의 안면을 가격한다.

유단자의 한마디

4번 동작 시 쌍장을 할 때, 아래에서 위로 쳐 올려준다는 느낌으로 한다.

제 10 장
국무형

국무형

국무 1형

1. 왼손은 앞쪽 몸통을 방어하고, 오른손은 옆쪽 몸을 방어한다.

2. 양손으로 상대의 목을 잡아 내리며 오른발 무릎으로 상대의 명치를 가격한다.

3. 오른발을 앞으로 내려놓으며 오른손 오지침으로 상대의 얼굴을 가격한다.

4. 제자리에서 오른손 옆 수도로 오른쪽 상대의 천돌을 가격한다.

5. 왼발 전진하며 오른손 정권으로 상대 명치를 가격한다.

유단자의 한마디

2번 동작 시 오른발에 발끝을 밑으로 내려 무릎에 기를 살려 치는 것이 효과적이다.

국무형

국무 2형

1. 왼손은 앞쪽 몸통을 방어하고, 오른손은 옆쪽 몸통을 방어한다.

2. 왼쪽 상대의 목을 잡아내리며 오른발 무릎으로 상대의 명치를 가격한다.

3. 오른발 옆으로 내려놓으며 기마자세를 잡음과 동시에 오른손 팔꿈치로 상대의 늑골을 가격한다.

4. 왼발 전진하며 오른손 정권으로 상대의 명치를 가격한다.

5. 제자리에서 오른손 옆수도로 오른쪽 상대의 천돌을 가격한다.

유단자의 한마디

2번 동작 시 발구름과 동시에 가격하고, 팔꿈치가 밀리지 않도록 반대 손 장으로 받쳐준다.

국무형

국무 3형

1. 왼손은 앞쪽 몸통을 방어하고, 오른손은 옆쪽 몸통을 방어한다.

2. 왼손은 얼굴을 막고, 오른손은 몸통을 막으며 하단 앞차기로 상대의 경골을 가격한다.

3. 오른발을 내려놓으며 오른손 앞수도로 상대의 대동맥을 가격한다.

4. 제자리에서 시계 반대 방향으로 돌아앉으며 오른손 중지권으로 오른쪽 상대의 낭심을 가격하고 왼손은 상대의 발차기를 방어한다.

5. 일어서며 왼손은 얼굴을 막고, 오른손은 몸통을 막으며 앞차기로 상대의 턱을 가격한다.

유단자의 한마디

5번 동작 시 족두에 기를 살려 아래서 위로 뻗어주듯이 찬다.

국무형

국무 4형

1. 왼손은 앞쪽 몸통을 방어하고, 오른손은 옆쪽 몸통을 방어한다.

2. 왼발 앞굽이하며 쌍장으로 상대의 유중을 가격한다.

3. 오른발이 왼발 쪽으로 당겨 서며 오른손 중지권으로 상대의 명치를 가격한다.

4. 오른발을 옆으로 내려놓으며 오른손 팔꿈치로 상대의 영양혈을 가격한다.

5. 오른발 왼발 쪽으로 당겨 서며 오른손 관수권으로 상대의 명치를 찌름과 동시에 왼손은 극천을 방어한다.

유단자의 한마디

2번 동작 시 쌍장을 칠 때에는 아래서 위로 쳐 올리는 것이 효과적이다.

국무형

국무 5형

1. 왼손은 앞쪽 몸통을 방어하고, 오른손은 옆쪽 몸통을 방어한다.

2. 오른손은 얼굴을 막고, 왼손은 몸통을 막으며 오른발 하단 안꿈치 내려찍기로 상대 풍시혈을 가격한다.

3. 오른발을 내려놓으며 오른손 역수도로 상대 대동맥을 가격한다.

4. 왼발 전진하며 오른손 정권으로 상대 명치를 가격한다.

5. 제자리에서 오른손 옆수도로 오른쪽 상대의 천돌을 가격한다.

유단자의 한마디

3번 동작 시 역수도를 칠 때 위에서 아래로 내려치는 것이 효과적이다.

국무형

국무 6형

1. 왼손은 앞쪽 몸통을 방어하고, 오른손은 옆쪽 몸통을 방어한다.

2. 오른발 옆차기로 상대의 안면 또는 명치를 가격한다.

3. 오른발을 내려놓으며 오른손 옆수도로 앞에 있는 상대의 대동맥을 가격한다.

4. 왼발을 시계 반대 방향으로 90° 회전하여 기마자세로 서며 왼쪽 팔꿈치로 왼쪽 상대의 명치를 가격한다.

5. 왼발을 앞으로 전진하며 오른손 정권으로 상대의 명치를 가격한다.

유단자의 한마디

2번 옆차기 시 족두를 당겨 뒷꿈치로 가격하는 것도 효과적이다.

국무형

국무 7형

1. 왼손은 앞쪽 몸통을 방어하고, 오른손은 옆쪽 몸통을 방어한다.
2. 왼손은 얼굴을 막고, 오른손은 몸통을 막으며 오른발은 찍어차기로 상대의 경골을 가격한다.
3. 오른발을 내려놓으며 오른손 팔꿈치로 상대의 영양혈을 가격한다.

4. 제자리에서 오른손, 왼손을 안으로 돌려 막고 오른손은 후권으로 상대 인중을 가격한다.
5. 제자리에서 시계 반대 방향으로 180° 회전하며 오른손 중지권으로 상대의 미간혈부터 긁어내린다.

유단자의 한마디

3번 동작 시 손 끝을 펴서 팔꿈치에 기를 살려 치는 것이 효과적이다. 이때 팔꿈치는 위에서 아래로 내려친다.

국무형

국무 8형

1. 왼손은 앞쪽 몸통을 방어하고, 오른손은 옆쪽 몸통을 방어한다.
2. 오른손은 얼굴을 막고, 왼손은 몸통을 막으며 오른발 하단 내차기로 상대의 경골을 가격한다.
3. 오른발을 내려놓으며 오른손 장으로 상대의 늑골을 가격한다.

4. 제자리에서 180° 돌아 왼발 앞굽이하며 양손 교차하여 상대 발차기를 방어한다.
5. 제자리에서 오른손 정권으로 상대의 명치를 가격한다.

유단자의 한마디

5번 동작 시 어깨는 고정한 상태에서 치고, 팔은 다 뻗지 않는다.

국무형

국무 9형

1. 정면기합짜기를 시행한다.

2. 좌우 관수 찌르기(염천)

3. 좌우 관수 찌르기(단전)

4. 정면기합짜기

5. 자세 잡기로 마무리
   (각권 승모치기)

유단자의 한마디

관수로 상대의 급소를 공격할 때 손끝을 약간 겹쳐 주는 것이 더 강한 타격을 줄 수 있다.

제 11 장
복식 족술

복식 족술

외발 복식족술

외발 복식족술이란 한 발로 두 번 이상을 연결하여 상대를 가격하는 발차기다.

1. 앞차고 옆 옆차기

앞차고 → 찍어차기, 뒤차기, 발등차기, 하단 옆차기, 앞 옆차기 등이 있다.

2. 찍어차고 앞 옆차기

찍어차고 → 옆차기, 하단 찍어차기 뒤차기, 발등차기, 하단 옆차기 등이 있다.

3. 안다리차고 찍어차기

안다리차고 → 옆차기, 뒤차기, 앞 옆차기, 발등차기, 하단 옆차기 등이 있다.

복식 족술

4. 옆차고 앞차기

옆차기 → 옆차기, 찍어차기, 뒤차기, 앞 옆차기, 발등차기, 하단 옆차기 등이 있다.

5. 발등차고 옆 옆차기

발등차기 → 찍어차기, 뒤차기, 옆차기, 하단 옆차기

6. 내치고 찍어차기

내차기 → 옆 옆차기, 발등차기, 뒤차기, 앞 옆차기, 하단 옆차기 등이 있다.

7. 하단 앞차고 발등차기

하단 앞차고 → 옆 옆차기, 찍어차기, 뒤차기, 앞 옆차기, 하단 옆차기 등이 있다.

복식 족술

양발 복식족술
양발 복식족술이란 오른발과 왼발을 연속으로 타격하는 족술이다.

1. 앞차고 옆차기

앞차고 → 찍어차기, 옆차기, 뒤차기, 안다리 등이 있다.

2. 발등차고 찍어차기

발등차기 → 옆차기, 뒤차기 등이 있다.

3. 옆차고 옆차기

옆차기 → 꿈치돌리기, 뒤차기, 바깥다리 등이 있다.

4. 찍어차고 돌아차기

찍어차기 → 하단 돌아차기, 돌아 옆차기, 돌아 뒤차기 등이 있다.

제 4 편
상급편

合氣道

- 제1장 쌍수퇴치법
- 제2장 관절기
- 제3장 연행술
- 제4장 합기유술
- 제5장 비검방권술
- 제6장 고공족술
- 제7장 합기 1·2형
- 제8장 연속족술 1·2형

설지환 사범의 호신술 시연

제 1 장
쌍수퇴치법

쌍수퇴치법

수도 대동맥 타격

1. 상대가 나의 양 손목을 잡았을 때

2. 나의 양손을 바깥쪽으로 반원을 그리며 돌려준다.

3. 나의 오른손을 왼손 쪽으로 틀어 준다.

4. 나의 오른손등과 왼손등을 부딪혀 상대의 양 손등을 가격한다.

5. 오른손을 틀어 빼 수도로 상대의 대동맥(급소도 참고)을 가격한다.

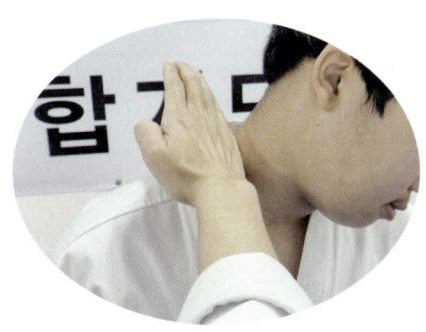

유단자의 한마디

수도로 상대의 대동맥을 가격할 때는 내려치는 것이 효율적이다.

쌍수퇴치법

명치 앞차기

1. 상대가 나의 양 손목을 잡았을 때

2. 자세를 낮추고 상대의 중심을 나의 쪽으로 가져오기 위해 두 팔을 내려준다.

3. 나의 양손을 안쪽으로 돌려 상대의 양팔을 잡고 바깥쪽으로 벌려준다.

4. 상대의 양팔을 안쪽으로 모으며 무릎을 올려준다.

5. 앞차기로 상대의 명치를 가격한다.

유단자의 한마디

앞차기를 할 때는 족두를 살려 명치를 정확히 가격하는 것이 상대에게 강한 충격을 줄 수 있다.

쌍수퇴치법

풍시혈 수도치기

1. 상대가 나의 양 손목을 잡았을 때

2. 자세를 낮추고 상대와 중심을 나의 쪽으로 가져오기 위해 두 팔을 내려준다.

3. 상대의 양손을 나의 가위손으로 밀어 올려준다.

4. 순간적으로 자세를 낮춰준다.

5. 양손 수도로 상대의 풍시혈(급소도 참고)을 타격한다.

유단자의 한마디

풍시혈은 허벅지의 바깥쪽 부근이므로 수도를 크게 휘둘러 내리쳐준다.

쌍수퇴치법

손가락 관절 무릎찍기

1. 상대가 나의 양 손목을 잡았을 때
2. 자세를 낮추고 상대의 중심을 내 쪽으로 가져오기 위해 두 팔을 내려준다.
3. 나의 양손을 바깥쪽으로 돌려준다.

4. 다시 안으로 돌려 모아주며 상대의 손등이 부딪히도록 한다.
5. 상대의 손가락 마디를 나의 무릎으로 쳐올려준다.

유단자의 한마디

상대의 손등을 확실히 붙여주어야 정확한 타격이 가능하다.

쌍수퇴치법

족기문혈 팔꿈치기

1. 상대가 나의 양 손목을 잡았을 때

2. 자세를 낮추고 상대의 중심을 나의 쪽으로 가져오기 위해 두 팔을 내려준다.

3. 상대의 양손을 나의 가위손으로 밀어 올려준다.

4. 순간적으로 자세를 낮추며 상대의 위중혈을 당겨준다.

5. 오른 팔꿈치로 상대의 족기문혈 (급소도 참조)을 타격한다.

유단자의 한마디

팔꿈치 끝 부위가 정확히 타격되도록 연습한다.

제 2 장
관절기

관절기

손목관절 꺾기

1. 공격자세로 선 상태에서 상대의 두 눈을 주시한다.

2. 오른발이 상대 앞쪽으로 전진하면서 오른손으로 상대의 오른 손목을 꺾는다.

3. 왼손으로 상대의 중관절을 잡고 상대의 손목 관절을 꺾는다.

4. 왼발이 상대 쪽으로 전진하여 상대의 팔꿈치를 나의 가슴 쪽에 붙인다.

5. 오른발을 뒤쪽으로 빼서 상대의 손목 관절을 꺾는다.

유단자의 한마디

손목 관절을 내려 꺾으며 상대의 팔꿈치를 나의 가슴에 밀착시켜 준다.

관절기

손목관절 틀어 꺾기

1. 공격자세로 선 상태에서 상대의 두 눈을 주시한다.
2. 왼손으로 상대의 오른 손목 관절을 잡는다.
3. 오른발이 앞으로 전환해서 들어가 오른손으로 상대의 손을 잡아 꺾는다.

4. 왼발이 뒤로 전환하여 상대의 관절이 꺾인 상태에서 왼쪽으로 잡아당긴다.
5. 상대의 손등을 바닥으로 하여 상대의 오리혈 쪽을 무릎으로 눌러 제압한다.

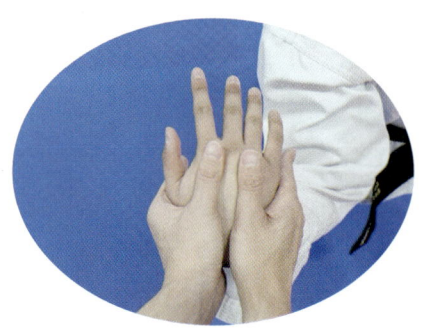

유단자의 한마디

손바닥이 하늘로 향하게 하고 손목에 자신의 체중을 실어준다는 느낌으로 틀어 꺾어준다.

관절기

어깨관절 꺾기

1. 공격자세로 선 상태에서 상대의 두 눈을 주시한다.

2. 왼손으로 상대의 오른 손목 관절을 잡아 위쪽으로 꺾는다.

3. 상대의 어깨 관절을 틀어 꺾으며 오른 팔꿈치로 상대의 명문혈을 가격한다.

4. 오른발을 다시 뒤로 빼서 상대의 손목을 양손으로 잡고 내려 꺾는다.

5. 오른발 앞차기로 상대의 명치를 가격한다.

유단자의 한마디

팔꿈치로 가격할 때는 손가락에 최대한 기를 살려 관절이 펴진 상태에서 중관절을 굽히며 가격한다.

관절기

중관절 당겨꺾기

1. 공격자세로 선 상태에서 상대의 두 눈을 주시한다.

2. 왼손으로 상대의 오른 손목 관절을 잡고 왼쪽으로 꺾는다.

3. 왼손으로 상대의 중관절을 받쳐 상대의 손목 관절을 나의 어깨 위로 올린다.

4. 양손을 깍지 껴서 상대의 중관절을 꺾어 나의 쪽으로 잡아당긴다.

5. 오른발이 뒤쪽으로 전환해서 상대를 오른쪽으로 잡아당겨 제압한다.

유단자의 한마디

상대의 중관절을 펴서 어깨로 받쳐 오른손을 나의 쪽으로 당기며 어깨로 밀어주어야 충격이 더해진다.

관절기

중관절 밀어꺾기

1. 공격자세로 선 상태에서 상대의 두 눈을 주시한다.

2. 오른발이 앞으로 전진하면서 오른손으로 상대의 오른 손목 관절을 상대 쪽으로 밀어준다.

3. 왼발이 상대의 앞쪽으로 전환해 들어가서 왼손으로 상대의 손목을 같이 맞잡는다.

4. 상대의 중관절을 꺾은 상태에서 오른발을 전환하여 상대를 왼쪽으로 잡아당긴다.

5. 왼쪽 무릎으로 상대의 어깨관절을 누르고 왼손으로 상대의 앞머리를 잡아당긴다.

유단자의 한마디

상대의 중관절을 펴서 어깨로 받쳐 오른손을 나의 쪽으로 당기며 어깨로 튕겨주어야 충격이 더해진다.

제 3 장
연행술

연행술

상대가 앞에서 걸어올 때 [1]

1. 두 눈을 중심으로 상대의 전신을 주시한다.

2. 왼손 가위손으로 상대의 오른손목을 잡아 뒤로 보낸다.

3. 오른발을 상대의 뒤로 전환하면서 상대의 중관절을 잡아당기며 상대의 팔을 꺾는다.

4. 왼손을 팔 안으로 깊숙이 넣어 오른쪽 어깨를 잡고 오른손으로 상대의 앞머리를 잡아챈다.

5. 상대를 연행한다.

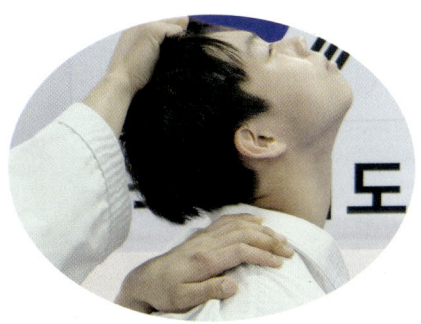

유단자의 한마디

상대의 팔을 꺾을 때에는 중관절을 잡아당기면서 왼팔이 깊숙이 들어가 상대의 어깨 옷깃을 잡는 것이 좋다.

연행술

상대와 나란히 걸을 때 [1]

1. 상대의 전신을 주시한다.

2. 양손으로 상대를 안으며 상대의 가슴 쪽 양 옷깃을 잡는다.

3. 상대의 가슴 쪽 옷깃을 뒤로 잡아 당긴다.

4. 상대의 옷깃으로 양팔을 움직이지 못하게 감싼다.

5. 오른손으로 상대의 앞머리를 잡아 채 연행한다.

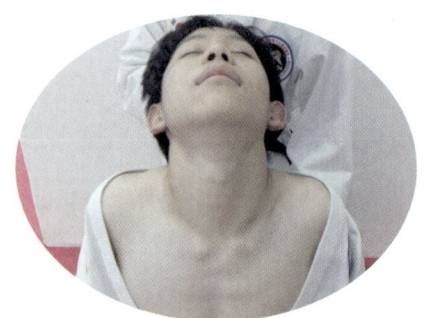

유단자의 한마디

오른손으로 상대의 옷이 풀리지 않게 잡고 왼손으로 상대의 앞머리를 뒤로 잡아당겨 움직이지 못하게 한다.

연행술

상대와 나란히 걸을 때 [2]

1. 상대의 전신을 주시한다.

2. 상대방이 오른 손목 관절을 오른손 가위손으로 잡는다.

3. 왼손으로 상대의 중관절을 잡고 상대의 손가락이 바닥으로 향하게 한다.

4. 상대의 팔꿈치를 나의 가슴 쪽에 붙인다.

5. 상대의 손목 관절을 나의 쪽으로 잡아당겨 상대를 연행한다.

유단자의 한마디

상대의 중관절을 나의 가슴 쪽에 붙인 상태에서 상대의 손가락 관절은 사진과 같이 아래로 향해 있어야 한다.

연행술

상대가 앞에서 걸어올 때 [2]

1. 두 눈을 중심으로 상대의 전신을 주시한다.

2. 오른손으로 상대의 오른 손목 관절을 잡아 앞에서 뒤로 보낸다.

3. 왼발을 뒤로 돌려 상대와 나란히 서고 상대의 중관절을 나의 어깨 위에 올린다.

4. 왼손으로 상대의 왼손 오리혈을 잡아 나의 쪽으로 당긴다.

5. 상대의 중관절을 꺾어주며 연행한다.

유단자의 한마디

상대의 중관절을 꺾을 때, 오른손으로 상대의 손가락 관절도 함께 꺾어주는 것이 좋다.

연행술

상대와 악수를 할 때

1. 두 눈을 중심으로 상대의 전신을 주시한다.

2. 상대와 자연스럽게 악수를 한다.

3. 상대의 손을 밑으로 내린다.

4. 왼손을 상대의 중관절 밑으로 넣어 상대의 뒷목을 잡는다.

5. 왼손 중관절을 펴서 상대의 중관절을 꺾어준다.

유단자의 한마디

상대의 중관절을 꺾는 동시에 상대의 손가락 관절도 같이 꺾어주는 것이 연행술에 더욱 좋다.

제 4 장
합기유술

합기유술

십자감아 던지기

1. 상대의 양쪽 쇄골을 중심으로 눈을 주시하여 전신을 살핀다.

2. 오른발이 상대의 왼발 앞으로 들어가며 상대의 양손을 나의 수도로 쳐내고 상대의 품 안으로 파고든다.

3. 양손으로 상대의 멱살을 잡아 왼손목 밑으로 오른 손목이 들어가 받쳐 왼손을 잡아당겨준다.

4. 자세를 낮춰 상대를 당겨 무게 중심을 앞으로 해 업어친다.

5. 오른 무릎으로 상대의 영양혈을 누르며 제압한다.

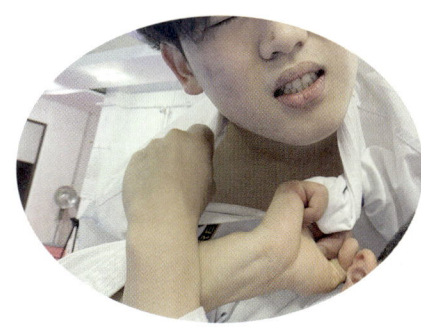

유단자의 한마디

오른 손목 멱살 잡은 손 위로 하여 상대의 턱 밑을 받쳐 왼손은 앞으로 당긴다.

합기유술

허리감아 넘기기

1. 상대의 양쪽 쇄골을 중심으로 눈을 주시하여 전신을 살핀다.

2. 오른발이 상대 쪽으로 들어가 앞굽이 하며 오른손으로 상대의 오른 팔목을 잡아 앞쪽으로 밀어준다.

3. 왼발이 상대의 앞으로 전진하여 들어가서 왼팔로 상대의 허리를 감아 잡는다.

4. 자세를 낮춰 앞으로 당겨 상대를 들어 앞으로 넘긴다.

5. 상대의 오른팔을 안으로 감아 넣고 오른 무릎으로 상대의 오른팔 오리혈을 누르고 제압한다.

유단자의 한마디

상대의 허리를 감아 넘길 때에는 자세를 낮춰서 상대를 한번에 들어 넘기는 것이 중요하다.

합기유술

상대뒤로 넘기기

1. 상대의 양쪽 쇄골을 중심으로 눈을 주시하여 전신을 살핀다.

2. 오른발이 상대 쪽으로 전진하여 들어가서 양손으로 상대의 양팔을 양쪽으로 벌려준다.

3. 양손으로 상대의 멱살 옷깃을 잡고 오른발로 상대의 복부를 차주며 받쳐 올린다.

4. 상대를 앞으로 잡아당기면서 뒤로 눕힌다.

5. 상대가 뒤로 넘어가면 상대위로 돌아 올라가서 양손으로 상대의 목을 잡고 제압한다.

유단자의 한마디

상대를 뒤로 넘길 때에는 양팔로 상대를 잡아당기며 발로 상대를 밀어 넘긴다.

합기유술

목감아 넘기기

1. 상대의 양쪽 쇄골을 중심으로 눈을 주시하여 전신을 살핀다.

2. 왼팔 들어가며 왼손으로 상대의 오른손을 잡아 왼쪽으로 밀어준다.

3. 오른발이 상대 뒤로 들어가서 오른손으로 상대의 목을 감는다.

4. 자세를 낮춰 상대를 들어 넘긴다.

5. 오른 무릎으로 상대의 목을 누르고 제압한다.

유단자의 한마디

상대를 목감아 넘길 때에는 팔로 상대의 머리를 뒤로 제껴 준 상태에서 넘겨야 한다.

합기유술

극천받쳐 넘기기

1. 상대의 양쪽 쇄골을 중심으로 눈을 주시하여 전신을 살핀다.

2. 오른발이 상대 왼발 앞으로 들어가며 왼손으로 상대 오른팔 손목 잡고 오른손으로 상대 극천을 받쳐 준다.

3. 왼팔이 뒤로 전환해 들어가며 자세를 낮추어 앞으로 당겨 상대를 업고 넘길 준비를 한다.

4. 자세를 일으키며 상대의 오른팔을 잡은 왼손을 당겨 상대를 넘긴다.

5. 상대의 팔을 펴서 땅에 놓고 왼 무릎으로 상대의 오리혈을 누르고 제압한다.

유단자의 한마디

넘길 때 오른손으로 상대의 극천을 위로 받쳐 올리는 것이 중요하다.

제 5 장
비검방권술

비검방권술

상대가 단전을 공격할 때

1. 상대의 칼을 주시하며 들어오는 상대의 어깨를 본다.

2. 오른발을 45° 앞으로 전진해서 왼손 수도로 위에서 아래로 상대의 손목 관절을 쳐준다.

3. 오른손으로 상대의 손을 맞잡고 틀어 꺾어내린다.

4. 왼발 앞차기로 상대의 명치를 가격한다.

5. 넘어진 상대의 어깨 관절을 왼 무릎으로 눌러 제압한다.

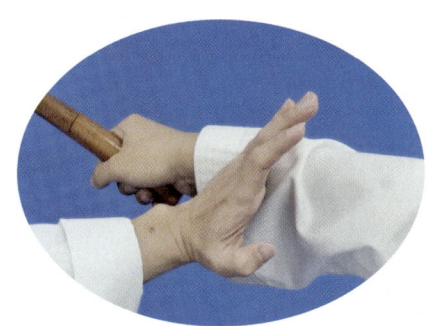

유단자의 한마디

상대의 칼을 막을 때에는 오른발이 빠져 안 맞을 거리까지 피해 준 상태에서 상대의 칼을 잡은 손목을 안에서 밖으로 막아준다.

비검방권술

상대가 명치를 찌를 때

1. 상대의 들어오는 손의 어깨의 움직임과 중관절을 주시한다. (칼을 주시하면 몸이 경직된다)
2. 상대의 들어오는 손을 양손으로 교차해 막는다.
3. 상대의 손목에 손날을 대어 꺾어준다.

4. 왼발을 전환하면서 상대를 잡아당긴다.
5. 상대의 오른 손등을 바닥에 붙이고 중관절을 눌러 상대의 팔을 말아 넣고 오른 무릎으로 오리혈 쪽을 눌러 제압한다.

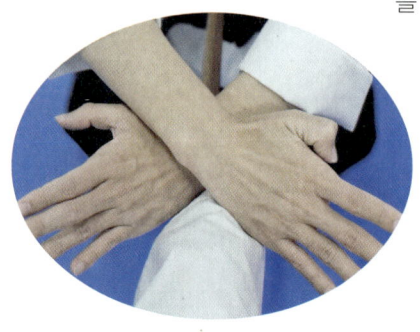

유단자의 한마디

명치를 방어할 때에는 오른발을 나의 쪽으로 당겨 양손 수도로 위에서 아래로 상대의 손목 관절을 눌러 막아준다.

비검방권술

상대가 백회를 공격할 때

1. 상대의 칼을 중심으로 하여 내려오는 상대팔의 팔꿈치를 주시한다.

2. 양손을 교차하여 상대의 팔을 막아 올린다.

3. 오른팔을 틀며 왼손 손날로 상대의 중관절을 제압한다.

4. 오른발을 전환하면서 상대를 넘어뜨린다.

5. 왼 무릎으로 상대의 어깨 관절을 누르고 왼손으로는 상대의 손목 관절을 꺾어 제압한다.

유단자의 한마디

상대의 칼을 막을 때에는 상대의 나오는 중관절 쪽을 보고 막아주는 것이 더욱 효율적이다.

비검방권술

상대가 염천을 공격할 때

1. 상대의 칼을 주시하며 들어오는 상대의 어깨를 본다.

2. 상대의 팔을 나의 손날로 바깥쪽으로 밀며 막아준다.

3. 오른팔로 상대의 어깨 쪽을 잡고 무릎으로 상대의 명치를 가격한다.

4. 상대의 오른쪽 어깨를 밀어주며 하단 옆차기로 위중혈을 위에서 아래로 내려준다.

5. 오른 무릎으로 상대의 어깨 관절을 누르고 오른손으로 상대의 손목 관절을 꺾어 제압한다.

유단자의 한마디

오른발이 45° 앞으로 빠지면서 왼손 수도로 상대의 팔을 안에서 밖으로 막아준다.

비검방권술

상대가 우측상단 찌를 때

1. 상대의 칼을 중심으로 하며 내려오는 상대팔의 팔꿈치를 주시한다.
2. 상대의 칼을 상체를 뒤로 젖혀 피한다.
3. 다시 역으로 오는 칼을 오른손 수도로 막아준다.

4. 오른손으로 상대의 손목을 잡고 왼손으로 상대의 곡지혈을 눌러 꺾고 왼발 찍어차기로 상대의 오금혈을 가격한다.
5. 상대가 쓰러지면 왼 무릎으로 상대의 목을 누르고 왼손으로 상대의 손목 관절을 꺾어 제압한다.

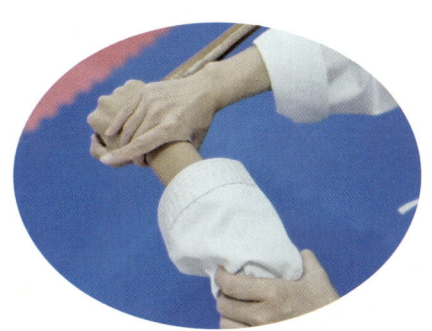

유단자의 한마디

상대의 칼을 막고 동시에 상대의 손목을 잡고 왼손으로 상대의 곡지혈을 잡아 내리면서 꺾어준다.

제 6 장
고공족술

고공족술

이단옆차기

1. 공격자세를 취하고 상대를 주시한다.

2. 오른 무릎을 위로 들어 올린다.

3. 왼발로 도약하여 위로 뛰어올라 양 무릎을 몸 쪽으로 붙인다.

4. 상대의 타격 지점을 확인하고 오른 무릎 관절을 뻗는다.

5. 상대의 가슴을 밀어 찬다.

가위차기

1. 공격자세를 취하고 상대를 주시한다.

2. 오른 무릎을 들어 올려 위로 점프할 준비를 한다.

3. 위로 뛰어올라 두 발을 모은 다음 양쪽의 상대를 확인한다.

4. 상대를 확인하고 발을 좌, 우로 뻗는다.

5. 양쪽에 있는 상대를 가격한다.

고공족술

양발 모아 앞차기

1. 공격자세를 취하고 상대를 주시한다.

2. 오른 무릎을 들어 올려 위로 점프할 준비를 한다.

3. 위로 뛰어올라 두 발을 모은 다음 무릎을 가슴까지 끌어올린다.

4. 상대를 확인하고 발을 앞으로 뻗는다.

5. 상대의 턱을 올려 찬다.

양발 벌려차기

1. 공격자세를 취하고 상대를 주시한다.

2. 두 발을 모아서 위로 점프할 준비를 취한다.

3. 위로 점프해서 양 무릎을 좌, 우로 올린다.

4. 좌, 우측의 상대를 확인하고 발을 뻗는다.

5. 좌, 우측의 상대를 가격한다.

제 7 장
합기 1 · 2형

합기 1 · 2형

합기 1형

1. 예를 갖춘다. 우측으로 몸을 틀어 점프하고 공격자세를 취한다.

2. 왼손부터 3번 교차해 막은 다음 공격자세를 취한다.

3. 앞차고 오른손 정권지르기 후 양손을 머리 위로 올려 기를 모은다.

4. 왼발 나가면서 오른손 중지권 후 오른발 전진해서 오른 팔꿈치 치기 후 오른손으로 막고 왼손으로 막는다.

합기 1·2형

합기 1형

5. 앉으면서 후권 치고 미간에서 양손 끝에 기를 모은 다음 좌, 우 관수치고 일어나서 안다리로 공격한다.

6. 왼쪽으로 돌아 오른손 정권 지르고 앞차기 차고 오른발 왼발 앞에 두고 쌍장으로 왼쪽 중단 막고 오른쪽 하단을 막는다.

7. 우측으로 양손을 교차해 기를 모으고 왼발 옆차기 하고 발을 내려놓아 기마자세를 잡고 머리 위로 합장한다.

8. 오른발을 뒤로 돌려 쌍장치고 기마자세를 잡고 왼손 평권 지른 후 손을 교차해서 앞, 뒤 평권 지르기

합기 1 · 2형

합기 1형

9. 오른손 돌려 막고 왼손 후권 치고 왼발 앞굽이로 오른 손 평권 지르고 양손을 교차해서 앞, 뒤 평권 지르기

10. 왼손을 돌려 막고 오른손 후권치고 오른발 찍어차기 후 뒤꿈치로 상대 낭심을 공격한다.

11. 왼발을 전환해서 앞굽이하며 오른손 정권 지르고 자세를 바꿔 오른발 앞굽이해서 왼손으로 정권 지른 다음 양 각권으로 상대의 대동맥을 가격한다.

12. 뒤로 돌아 도복을 고쳐 입고 단좌한 후 예를 갖춘다.

합기 1·2형

합기 2형

1. 예를 갖춘 후 위로 뛰어오르며 양 발바닥을 치고 기마자세를 잡는다.

2. 오른손부터 명치 앞으로 정권 3번 지른 다음 오른발 뒤로 빼서 음기와 양기를 모은다.

3. 양손을 엑스자 교차해서 머리 위에서 아래로 크게 원을 그려 양손을 가슴 쪽에 붙인다.

4. 쌍장으로 가격하고 오른손 후장으로 가격하고 중지권치고 팔꿈치로 타격한다.

합기 1 · 2형

합기 2형

5. 관수로 찌른 후 오른손 왼손 안으로 돌려 방어하고 중지권으로 긁어 내리고 오른발 앞굽이 하며 장으로 가격한다.

6. 왼발이 전진하여 자세 잡고 균형을 잡은 후 돌아 안다리 하고 장으로 가격한다.

7. 오른손 장치고 오른발 앞차고 이단앞차기

8. 후권 후 앞수도하고 머리 막고 하단 정권 지르기

합기 1 · 2형

합기 2형

9. 하단 후장권, 상단 후권 앞차고 후장권치기

10. 후권치고 모지권(눈 후리기)후 찍어차고 기짜기

11. 뒤꿈치로 낭심차기 하고 후권, 오른손 왼손 돌려막고 후권치고 기를 모은다.

12. 머리 위로 양손을 엑스자 교차하여 크게 원을 그려 돌린 후 쌍장

합기 1 · 2형

합기 2형

13. 후장권으로 낭심치고 중시권치고 팔꿈치기한 후 관수 씨르기

14. 상대 멱살 말아 쥐고 오른발 빼며 뒤로 돌아 앉은 후 도복을 고쳐 입은 후 다시 예를 갖춘다.

제 8 장
연속족술

연속족술

연속족술 1형

1. 단좌한 상태에서 예를 갖춘 후 일어나서 기마자세를 잡고 왼발 나가며 상단 막고 하단 막기

2. 오른발로 상단을 찍어차고 돌아 안다리 이단 앞차고

3. 밀어 옆차고 왼발 찍어차고 돌아차기 후 예를 갖추고 마무리

연속족술

연속족술 2형

1. 돌아차고 앞차고 옆 옆차기(외발복식 족술) 양발 벌려 차고

2. 점프돌아차고 하단돌아차기 뒤차기 하고 예를 갖춘다.

※ 연속족술 2형은 1형과 연결하여 실시한다.

제 5 편
유단자편

合氣道

- 제1장 좌기
- 제2장 와기
- 제3장 단봉술
- 제4장 단장술
- 제5장 용추술
- 제6장 양인처리술
- 제7장 합기 3형
- 제8장 연속족술 3형

문희복 사범의 호신술 시연

제1장
좌기

좌기

상대가 목 뒷덜미를 잡았을 때

1. 몸에 기를 살리고 두 눈으로 상대를 주시한다.

2. 왼손 장으로 상대의 중관절을 아래에서 위로 받친다.

3. 오른손을 올려 왼손과 깍지를 껴서 상대의 중관절을 당겨준다.

4. 오른발 무릎을 구부리고 왼발로 일어나서 오른쪽으로 상대를 잡아 당긴다.

5. 상대를 내 쪽으로 당겨 제압한다.

유단자의 한마디

상대의 중관절을 꺾을 때에는 양손으로 깍지 꼈을 때 상대의 중관절이 펴져 있어야 한다.

좌기

상대가 머리를 잡았을 때

1. 몸에 기를 살리고 두 눈을 중심으로 상대를 주시한다.

2. 오른손 수도로 상대의 오른 손목을 아래에서 위로 받쳐 잡는다.

3. 왼손 역수도로 상대의 중관절을 위에서 아래로 쳐내린다.

4. 왼발을 축으로 오른발로 일어나서 상대의 중관절을 꺾어 좌측으로 틀어 넘어뜨린다.

5. 상대의 손등을 바닥에 붙여 상대의 팔을 말아 넣고 무릎으로 오리혈을 누르며 제압한다.

유단자의 한마디

상대의 중관절을 꺾어줄 때에는 상대 쪽으로 밀며 역수도로 위에서 아래로 내려 꺾어준다.

좌기

상대가 멱살잡고 주먹으로 공격할 때

1. 의자에 앉아서 몸에 기를 살리고 두 눈으로 상대를 주시한다.

2. 상대의 주먹을 왼손 수도로 막는다.

3. 상대의 손목 관절을 잡고 밑으로 내려 양손으로 같이 잡는다.

4. 상대의 손목 관절을 들어 올려 꺾으면서 상대 쪽으로 밀며 일어난다.

5. 오른발이 뒤로 빠지면서 상대의 중관절을 꺾어 제압한다.

유단자의 한마디

상대의 손목 관절을 꺾을 때에는 주먹을 막고 손목을 양손으로 맞잡아서 상대 쪽으로 밀며 일어나서 꺾어 주어야 정확한 관절기가 이루어진다.

좌기

상대가 찍어차기로 공격할 때

1. 몸에 기를 살리고 두 눈으로 상대를 주시한다.

2. 찍어차기로 상대가 공격하면 왼손은 하단, 오른손은 상단을 교차해서 막아준다.

3. 오른발을 축으로 왼발로 일어나면서 왼팔로 상대의 발목을 받쳐 잡는다.

4. 오른 팔꿈치로 상대의 족기문을 가격한다.

5. 상대가 쓰러지면 정권으로 상대의 낭심을 가격한다.

유단자의 한마디

상대의 발차기를 막을 때에는 팔을 교차해서 안에서 밖으로 상대의 발을 밀어준다.

좌기

상대가 어깨를 잡았을 때

1. 몸에 기를 살리고 두 눈으로 상대를 주시한다.

2. 머리를 숙여 상대팔의 반대편으로 몸을 틀어준다.

3. 일어나서 오른손으로 상대의 중관절을 잡고 내 쪽으로 당긴다.

4. 왼손으로 상대의 앞머리를 잡아채고 오른발 옆차기로 상대의 위중혈을 위에서 아래로 가격하며 누른다.

5. 상대가 넘어지면 왼 무릎으로 상대의 목을 누르고 양손으로 상대의 손목 관절을 꺾는다.

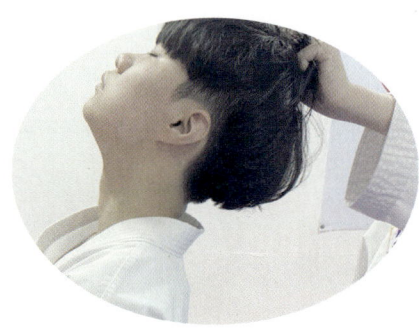

유단자의 한마디

위중혈을 가격할 때 머리를 동시에 잡아당겨야 효과적으로 상대를 제압 할 수 있다.

제 2 장
와기

와기

위에서 상대가 공격할 때

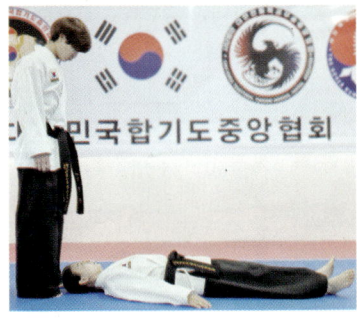

1. 상대를 두 눈으로 주시한다.

2. 상대가 오른발로 얼굴을 공격하려 할 때 왼손으로 상대의 왼발 곤륜을 잡고 몸을 좌측으로 튼다.

3. 왼손으로 상대 곤륜을 나의 쪽으로 잡아당기며 오른손 팔꿈치로 상대의 경골을 가격한다.

4. 상대의 왼발을 나의 왼쪽 겨드랑이 쪽으로 잡아당긴다.

5. 오른발 찍어 차기나 옆차기로 상대의 안면을 가격한다.

유단자의 한마디

상대의 경골을 가격할 때에는 왼손으로 잡은 상대의 곤륜혈을 내 쪽으로 잡아당기면서 가격하는 것이 좋다.

와기

상대가 우측에서 공격하려 할 때

1. 상대의 두 눈으로 주시한다.

2. 오른손으로 상대의 오른발 발목을 잡아 나의 쪽으로 잡아당긴다.

3. 왼발을 축으로 오른쪽으로 몸을 돌려 왼 팔꿈치로 상대의 왼발 풍시혈을 가격한다.

4. 오른손 가위손으로 상대의 목덜미를 잡는다.

5. 상대의 앞머리를 왼손으로 잡아챈다.

유단자의 한마디

상대의 풍시혈을 가격할 때에는 상대의 오른발 발목을 오른손으로 잡아당기며 가격하는 것이 좋다.

와기

상대가 발밑에서 공격하려 할 때

1. 두 눈으로 상대를 주시한다.

2. 왼발로 상대의 오른 발목을 좌측으로 걸어준다.

3. 양손을 좌측에 짚고 오른발 옆차기로 상대의 무릎이나 경골을 가격한다.

4. 일어나서 상대를 주시하며 자세를 잡는다.

5. 오른발 옆차기로 상대의 안면을 가격한다.

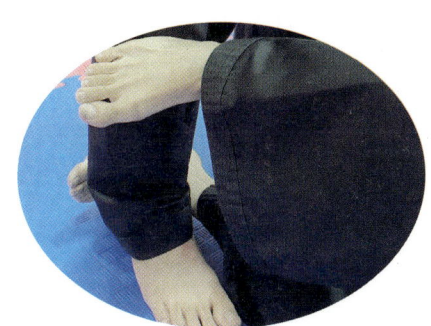

유단자의 한마디

상대의 경골이나 무릎을 가격할 때에는 왼발로 상대의 발목을 나의 쪽으로 당기며 가격하는 것이 좋다.

와기

상대가 위에서 목을 조를 때

1. 상대가 위에서 목을 조를 때 두 눈으로 상대를 주시한다.

2. 왼손으로 상대의 오른팔 곡지혈을 잡아당긴다.

3. 오른손 가위손으로 상대의 목을 잡는다.

4. 오른발을 축으로 좌측으로 몸을 튕겨 상대를 좌측으로 던진다.

5. 무릎으로 상대의 오른팔 오리혈을 누르고 오른손 가위손으로 상대의 목을 가격하며 제압한다.

유단자의 한마디

3번에서 상대의 목을 오른손 가위손으로 잡을 때 왼손으로 상대의 곡지를 잡아 내 쪽으로 잡아당겨 상대의 균형이 좌측으로 틀어지게 하는 것이 좋다.

와기

상대가 좌측에서 팔꿈치로 목을 누를 때

1. 상대가 좌측에서 팔꿈치로 목을 누를 때 두 눈으로 상대를 주시한다.

2. 왼손 장으로 상대의 턱(천용)을 받친다.

3. 오른손으로 상대의 앞머리를 잡아챈다.

4. 왼발을 축으로 하여 몸을 우측으로 돌려 상대를 우측으로 던진다.

5. 주먹으로 상대의 얼굴을 가격한다.

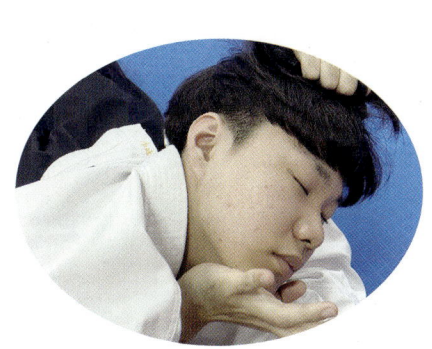

유단자의 한마디

3번과 같은 상황에서는 상대의 앞머리를 잡아당길 때 왼손 장으로 상대의 턱을 같이 밀어버리는 것이 좋다.

제 3 장
단봉술

단봉술

상대가 왼손/오른손 주먹으로 공격할 때

1. 단봉을 오른손으로 잡고 방어자세로 선 상태에서 상대를 두 눈으로 주시한다.

2. 상대의 왼손 주먹을 나의 오른손으로 올려 막는다.

3. 상대의 오른손 주먹을 오른발 앞굽이 하면서 왼손으로 막는다.

4. 단봉의 앞부분으로 상대의 오른팔 오리혈을 가격한다.

5. 단봉의 뒷부분으로 상대의 오른쪽 늑골을 가격한다.

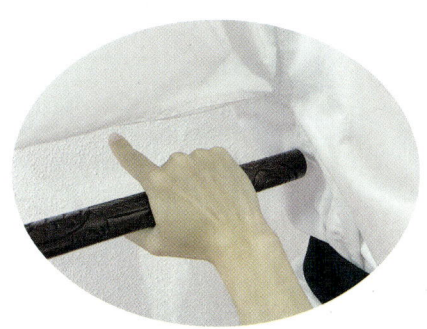

유단자의 한마디

상대의 늑골을 가격할 때에는 위에서 아래로 공격하는 것이 더욱 효과적이다.

단봉술

상대가 오른손 주먹으로 공격할 때

1. 단봉을 오른손으로 잡고 방어자세를 잡은 상태에서 두 눈으로 상대를 주시한다.
2. 상대의 오른손 주먹이 들어오면 오른발 앞굽이를 하면서 왼손으로 상대의 주먹을 막는다.
3. 단봉의 뒷부분으로 상대의 대동맥을 가격한다.

4. 왼손으로 상대의 오른팔을 잡고 왼발은 앞으로 전환해서 들어간다.
5. 단봉의 뒷부분으로 상대의 오른쪽 늑골을 가격한다.

유단자의 한마디

상대의 대동맥을 가격할 때에는 상대의 주먹을 막음과 동시에 가격하는 것이 좋다.

단봉술

상대가 오른손 주먹으로 공격할 때

1. 단봉을 오른손으로 잡고 방어자세를 잡은 상태에서 두 눈으로 상대를 주시한다.

2. 상대의 오른손 주먹이 들어오면 오른발 앞굽이를 하면서 왼손으로 상대의 주먹을 막는다.

3. 왼발 앞굽이를 하면서 자세를 낮춘다.

4. 단봉으로 상대의 족삼리혈을 안에서 밖으로 가격한다.

5. 단봉의 앞부분으로 상대의 안면을 가격한다.

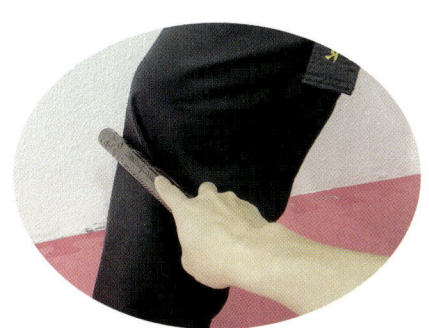

유단자의 한마디

상대의 족삼리혈을 공격할 때에는 안에서 밖으로 가격하는 것이 더욱 효율적이다.

단봉술

상대가 앞차기로 공격할 때

1. 단봉을 오른손으로 잡고 방어자세를 잡은 상태에서 두 눈으로 상대를 주시한다.
2. 상대가 오른발로 앞차기하면 왼발 뒷굽이 하면서 왼손으로 단봉의 용두로 위에서 아래로 받쳐 상대의 발목 쪽을 막는다.
3. 왼손 가위손으로 상대의 발목을 받쳐 나의 쪽으로 잡아당긴 다음 단봉의 뒤쪽으로 상대의 풍시혈을 가격한다.

4. 오른발 앞굽이하며 상대의 객주인을 단봉의 앞부분으로 가격한다.
5. 왼손으로 상대의 오른팔을 잡아 단봉의 뒷부분으로 상대의 명치를 타격한다.

유단자의 한마디

상대의 풍시혈(바깥허벅지)을 타격할 때는 단봉의 뒷부분으로 찍어주듯이 가격하는 것이 좋다.

단봉술

상대가 검으로 공격하려할 때

1. 단봉을 오른손으로 잡고 방어자세를 잡은 상태에서 두 눈으로 상대를 주시한다.

2. 왼발 뒷굽이하며 상대의 검을 아래에서 위로 받쳐 막는다.

3. 왼발을 좌측으로 전환하며 상대의 검을 우측으로 흘려보낸다.

4. 왼발이 상대 쪽으로 전진하면서 상대 검을 단봉으로 눌러 밑으로 죽여준다.

5. 단봉의 뒷부분으로 상대의 객주인을 가격한다.

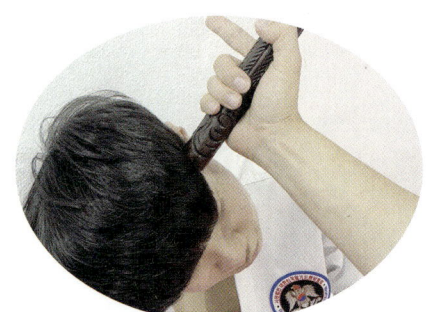

유단자의 한마디

상대의 객주인을 가격할 때에는 왼손으로 상대가 검을 잡고 있는 오른손을 잡고 가격하는 것이 좋다.

제 4 장
단장술

단장술

목관절 걸어 꺾기

1. 단장의 끝을 잡은 상태에서 상대의 두 눈을 주시한다.

2. 상대의 왼팔 주먹을 단장으로 막는다.

3. 오른발을 45° 대각선 앞으로 빼서 앞굽이하며 상대의 주먹을 왼손으로 막는다.

4. 단장으로 상대의 목을 걸어 내 쪽으로 잡아당긴다.

5. 왼손장으로 상대의 턱을 받쳐 상대의 목이 뒤로 꺾이게 밀어주며 제압한다.

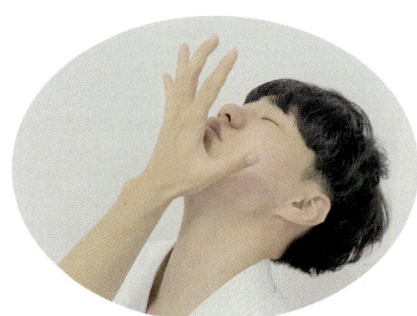

유단자의 한마디

상대의 턱을 밀어 줄 때에는 장법으로 강하게 밀어주는 것이 효과적으로 상대의 목을 제압하는 방법이다.

단장술

어깨관절 걸어 꺾기

1. 바로 선 상태에서 상대의 두 눈을 주시한다.
2. 단장을 올려 상대의 왼손 주먹을 막는다.
3. 상대의 오른손 주먹을 왼손으로 막은 다음 왼손으로 상대의 손목을 잡고 단장을 상대의 극천쪽으로 밀어 넣는다.

4. 왼발이 상대 쪽으로 한 발 전환하여 들어가서 상대의 손목 관절을 단장 위로 올려 꺾는다.
5. 단장을 빼서 상대의 염천을 찌른다.

유단자의 한마디

3번시에는 단장을 밀고 상대 쪽으로 전환해서 들어가야 하며, 손목 관절을 단장 위로 올려 꺾는다.

단장술

중관절 걸어 꺾기

1. 바로 선 상태에서 상대의 두 눈을 주시한다.

2. 상대의 왼손 주먹을 단장으로 막는다.

3. 오른발을 45° 앞으로 빼서 상대의 오른 주먹을 막는다.

4. 단장을 밑으로 돌려 뒤에서 앞으로 상대의 목을 걸어준다.

5. 왼발 전환하면서 상대를 왼쪽으로 잡아당겨 제압한다.

유단자의 한마디

단장으로 상대의 목을 걸었을 때에는 상대의 손목 관절을 단장 위로하여 꺾어준다.

단장술

염천 찌르기

1. 바로 선 상태에서 상대의 두 눈을 주시한다.

2. 단장으로 상대의 왼손 주먹을 막는다.

3. 오른발 45° 앞으로 빼서 왼손으로 상대의 오른손 주먹을 막으며 단장으로 중관절을 타격한다.

4. 상대의 팔을 밀어주며 단장으로 상대의 염천 쪽을 겨냥한다.

5. 단장으로 상대의 염천을 찌른다.

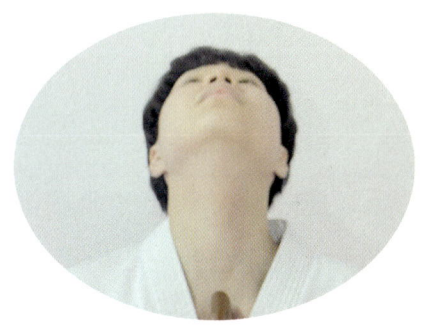

유단자의 한마디

상대의 염천을 찌를 때에는 단장을 틀어서 찔러 준 다음 뒤로 밀어준다.

단장술

백회 타격술

1. 바로 선 상태에서 상대를 두 눈으로 주시한다.

2. 단장으로 상대의 왼손 주먹을 막는다.

3. 왼발 45° 앞으로 빠지면서 상대의 오른손 주먹을 왼팔로 막는다.

4. 단장으로 상대의 백회를 가격한다.

5. 상대가 쓰러지면 상대의 목을 겨냥해 강하게 찔러준다.

유단자의 한마디

단장으로 상대의 백회를 가격할 때에는 단장의 끝 쪽으로 가격한다.

제 5 장
용추술

용추술

상대 목 감아 넘기기

1. 상대의 눈을 중심으로 어깨의 움직임과 무릎의 이동을 주시한다.

2. 상대의 오른손 주먹을 왼손으로 막는다.

3. 오른손을 돌려 상대의 목을 감는다.

4. 왼발을 뒤로 전환해서 상대의 목을 조인다.

5. 상대를 넘어뜨려서 띠를 좌우로 잡아당겨 제압한다.

유단자의 한마디

상대의 목을 감을 때에는 왼손은 밑으로 오른손은 위로 올려 조이는 것이 더욱 좋다.

용추술

옆차기 공격시

1. 상대의 눈을 중심으로 어깨의 움직임과 무릎의 이동을 주시한다.

2. 왼발이 빠지며 상대의 발목을 감아 나의 쪽으로 당겨준다.

3. 안꿈치차기로 상대의 위중혈을 찍어 내린다.

4. 상대를 넘어뜨리고 관절에 체중을 실어 꺾어준다.

5. 오른손 줄로 상대의 목을 감아 제압한다.

유단자의 한마디

위중혈에 안꿈치 차기를 넣은 후 상체를 앞으로 숙여 주어 상대의 다리에 체중을 실어 넘긴다.

용추술

상대뒤로 목 감아 넘기기

1. 상대의 눈을 중심으로 어깨의 움직임과 무릎의 이동을 주시한다.

2. 상대의 오른손 주먹을 위에서 아래로 막는다.

3. 오른발이 상대 뒤로 들어가면서 띠로 상대의 목을 받친다.

4. 띠로 상대의 목을 감아 조인다.

5. 상대를 잡아당겨 띠로 목을 조이고 제압한다.

유단자의 한마디

상대의 목을 감을 때에는 오른손을 위로 올려 상대의 목을 조이는 것이 더욱 좋다.

용추술

손목관절과 목감기

1. 상대의 눈을 중심으로 어깨의 움직임과 무릎의 이동을 주시한다.

2. 상대의 오른손 주먹을 따로 막는다.

3. 오른손을 돌려 상대의 손목을 감는다.

4. 상대의 팔을 뒤로 돌려 중관절을 꺾는다.

5. 오른손을 돌려 띠로 상대의 목을 감은 다음 띠를 잡아당겨 제압한다.

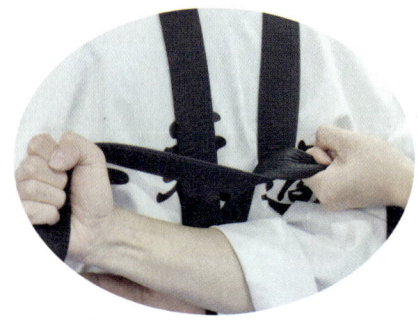

유단자의 한마디

5번과 같은 상황에서는 띠를 좌우로 잡아당겨야만 상대를 제압하기에 더욱 효율적이다.

용추술

상대 손목관절 감기

1. 상대의 눈을 중심으로 어깨의 움직임과 무릎의 이동을 주시한다.

2. 상대의 왼손 주먹을 위에서 아래로 막는다.

3. 상대의 오른손 주먹을 막고 띠로 상대의 팔목을 감는다.

4. 왼발이 상대 앞으로 전진하면서 상대의 감은 팔을 앞으로 잡아당긴다.

5. 상대의 팔을 머리 위로 넘겨 오른쪽 어깨에 상대의 중관절을 받치고 잡아당긴다.

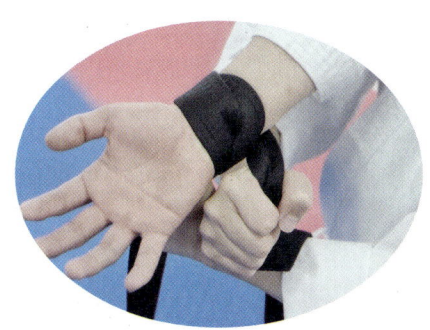

유단자의 한마디

상대의 팔을 감았을 때 상대의 중관절을 어깨에 올려 같이 꺾어주는 것이 더욱 효과적이다.

제 6 장
양인처리술

양인처리술

상대가 띠를 잡았을 때(타격기)

1. 양손에 기를 살리고 상대방을 주시한다.

2. 오른발을 빼주며 양손을 교차하여 자세를 잡는다.

3. 양손 수도로 양인의 오리혈을 타격한다.

4. 양인이 허리를 숙임과 동시에 양인의 대동맥을 타격한다.

5. 쓰러진 양인의 대동맥을 눌러 제압한다.

유단자의 한마디

대동맥을 타격할 때에는 위에서 아래로 타격하는 것이 효과가 있다.

양인처리술

상대가 양쪽 어깨를 잡았을 때(중관절꺾기)

1. 기를 살리고 상대방의 움직임을 주시한다.

2. 양손에 기를 살리고 양손을 앞으로 뻗어준다.

3. 양손 팔꿈치로 양인의 중관절을 타격한다.

4. 양인의 중관절을 꺾어 올려준다.

5. 자세를 낮추어 주어 양인의 관절을 더욱 강하게 꺾어 제압한다.

유단자의 한마디

양인의 중관절을 꺾어 준 후에는 상체를 앞으로 내밀어 더욱 강하게 제압하는 것이 좋다.

양인처리술

상대가 양손목을 잡았을 때(소관절꺾기)

1. 양손의 기를 살리고 상대방을 주시한다.

2. 양손에 자신의 체중을 실어 내려준다.

3. 양손을 자신의 쪽으로 당겨준다.

4. 양 손목을 돌려 잡아 양인의 손목을 꺾어준다.

5. 양 손목을 모아주며 양인을 제압한다.

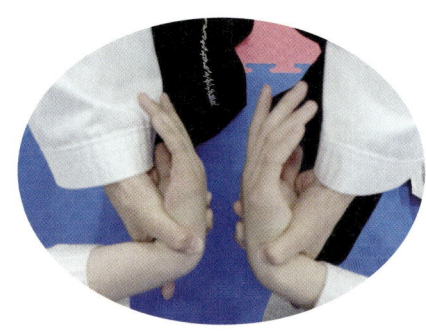

유단자의 한마디

양 손목을 꺾었을 때에는 두 손을 모아 제압하는 것이 강한 힘으로 제압하는 방법이다.

양인처리술

상대가 양손목을 잡았을 때(타격기)

1. 양손에 기를 살리고 상대방을 주시한다.

2. 팔꿈치를 자신의 쪽으로 당겨 힘의 발산을 이롭게 한다.

3. 양손을 안쪽으로 틀어 상대방의 손목을 틀어준다.

4. 양손을 앞으로 내밀어 상대방으로부터 벗어난다.

5. 오른쪽 상대는 밀어 옆차기로 왼쪽 상대는 쌍장으로 동시에 타격하여 제압한다.

유단자의 한마디

양손목 잡혔을 때 벗어나기 위해서는 나의 양손의 기를 살려 안쪽으로 틀어 주며 앞으로 밀어주어야 효과적이다.

양인처리술

상대가 양손목을 잡았을 때(유술기)

1. 손에 기를 살리고 상대방을 주시한다.

2. 양 팔꿈치를 자신 쪽으로 당겨 힘의 발산을 돕는다.

3. 오른쪽 상대를 발등차기로 제압한다.

4. 왼쪽 상대를 합기유술로 엎어진다.

5. 누운 상대의 팔을 말아 감아 제압한다.

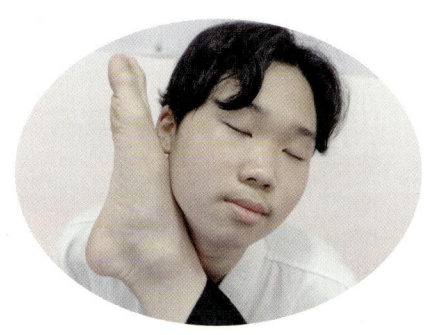

유단자의 한마디

발등차기를 할 때에는 무릎을 안에서 밖으로 돌려주듯이 하고 발에 힘을 빼고 순간적으로 끊어 차는 것이 좋다.

제 7 장
합기 3형

합기 3형

합기 3형

1. 단좌를 하고 예를 갖춘 후 준비를 하고 위로 점프한다.

2. 정면기합짜기를 하고 단전에 기를 모아 공격자세를 잡고 찍어차기 한다.

3. 돌아 안다리 차고 음기와 양기를 모은다.

4. 오른손 장치고 오른발 올려 막고 관수로 찌른다.

합기 3형

합기 3형

5. 뒤로 180° 뛰어 돌아서 머리 위에서 X자 교차해서 기마자세를 잡은 다음 왼발 찍어차고 돌아차기 한다.

6. 쌍장권 치고 왼손 평권지르고 오른손, 왼손 평권지르기 한 후 오른손 원을 그려 막고 왼손 후권으로 가격

7. 오른손 평권 지르고 왼손, 오른손 평권 지르고 왼손 원을 그려 막고 오른손 후권으로 가격한 후 찍어치기 한다.

8. 꼬아차기 후 왼발이 오른쪽 뒤로 전환해서 오른손 정권을 지르고 오른손으로 반대쪽 기를 살려 막은 다음 오른쪽으로 360° 전환한다.

합기 3형

합기 3형

9. 왼손 정권을 지른 다음 음기와 양기를 오른손, 왼손에 기를 모아 우측 멱살을 잡는다.

10. 무릎찍기 후 쌍관수 찌르며 뒤쪽 옆차기하고 후장권치고 중지권으로 가격

11. 오른 팔꿈치치기 하고 관수찌르기 후 쌍수도로 가격한 후 좌우 막기

12. 오른손 역수도 치고 무릎찍기 한 후 쌍장을 치며 뒤쪽으로 옆차기한다.

합기 3형

합기 3형

13. 쌍관수로 찌르고 손목을 X자 교차해서 기를 짠다.

14. 왼발을 축으로 몸을 뒤로 돌려 돌아 안다리 찬 후 상단 막고 하단 정권지르기 한다.

15. 후장권치고 후권치기 후 뒤로 돌아앉아 도복을 고쳐 입고 단좌를 한 후 예를 갖추고 마무리 한다.

제 8 장
연속족술 3형

연속족술 3형

연속족술 3형 [1]

1. 단좌를 하고 예를 갖춘 후 오른발을 축으로 일어나며 준비자세로 상단을 막고 하단을 막으며 자세를 잡는다.

2. 오른발 옆차고 돌아 옆차기 왼발 상단 앞차고

3. 하단 앞차기 (외발 복식 족술) 오른발 하단 찍어차고 상단 찍어차기(외발 복식 족술) 오른발 꿈치돌리기

4. 찍어차기 (외발 복식 족술) 꿈치돌리기 2회 연속

연속족술 3형

연속족술 3형 [2]

5. 밀어 옆차고 전진 돌아차기

6. 점프하여 하단 돌아차기 하단 후리기

7. 연속으로 왼발 하단 후리기

8. 뒤로 돌아서 도복을 고쳐 입고 단좌를 한 후 다시 예를 갖춘다.

 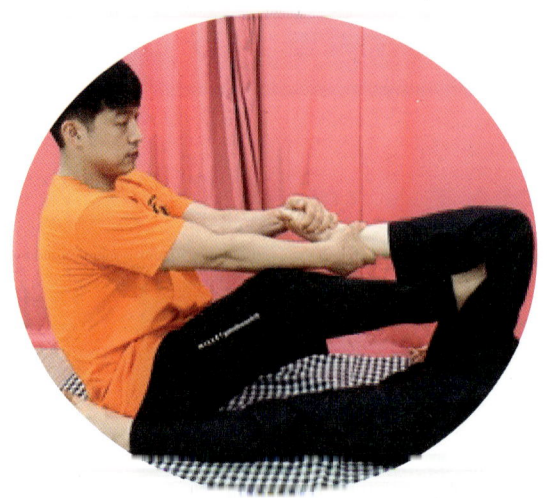

황제활법보감

대한활법지도사협회 회장 최현주 교수

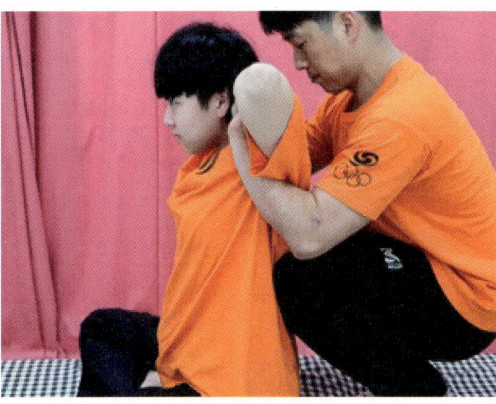

경추교정 1

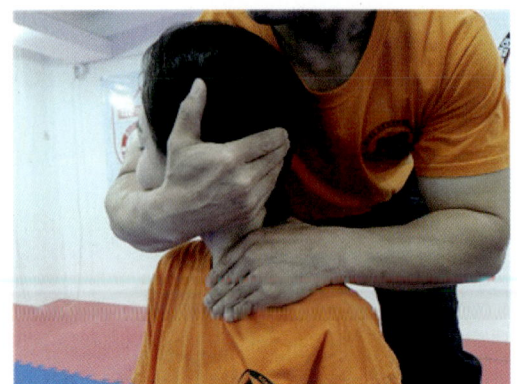

형 태	경추 교정
본인 자세	좌위(시술대에 무릎 뒤를 밀착시킨 자세)
시술인 자세	본인의 후면 위치 시술대 위에 올라 무릎을 등에 접촉한 자세
직접수	몸으로 목을 숙이게 밀착하며 목을 감싸 잡는다.
방 법	1. 무릎을 밀착하고 목을 앞으로 숙이며 호흡을 편하게 한다. 2. 팔꿈치를 어깨에 올린 후 가슴으로 상대의 머리를 숙이게 한다. 3. 간접수는 고정하고 직접수로 왼쪽목을 가볍게 감싸 교정한다. 4. 간접수는 고정하고 직접수로 오른목을 가볍게 감싸 교정한다.
효과 및 효능	경추 아탈구 교정

경추교정 2

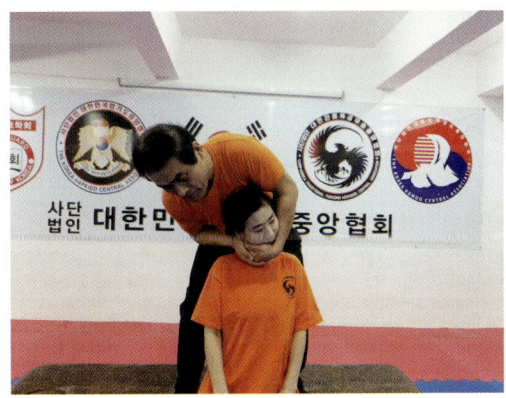

형 태	흉추 교정
본인 자세	좌위(시술대에 무릎 뒤를 밀착시킨 자세)
시술인 자세	본인의 뒤에 서서 흉추에 이마를 접촉한다.
직접수	양손으로 겨드랑이 밑에서 위로 손목을 잡는다.
방 법	1. 시술대에 하체를 고정한다. 2~3. 양손으로 겨드랑이 밑에서 위로 본인의 손목을 잡는다. 4. 본인의 뒤에 서서 흉추에 이마를 잡는다. 5. 머리를 들게 유도하며 양손을 들어올려 순간 교정한다.
효과 및 효능	혈액순환 향상 흉추 아탈구 조정

경추교정 3

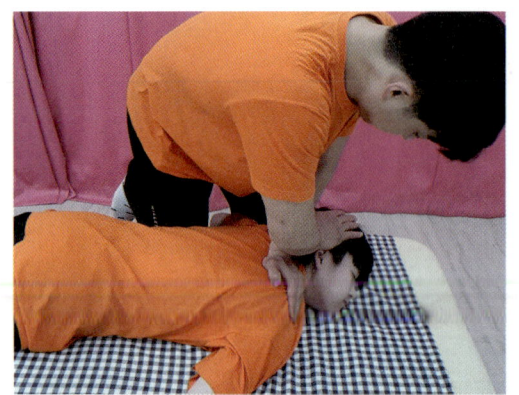
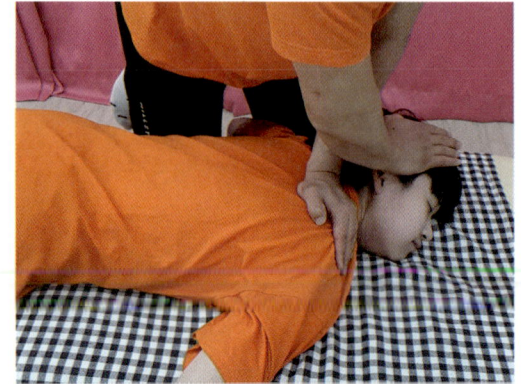
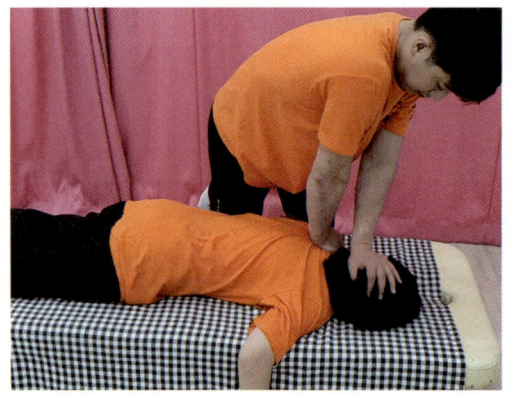
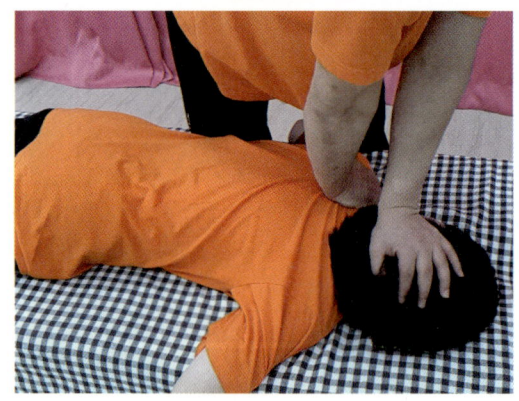

형 태	**경추 교정**
본인 자세	복와위(하지 펴고 시술대에 턱을 세운 자세)
시술인 자세	측두골에 손바닥을 가볍게 접촉한다.
직접수	견갑골에 손바닥을 비틀며 접촉한다.
방 법	1. 턱을 세워 척추를 바르게 정리한다. 2. 간접수를 견갑골 주위에 틀며 고정한다. 3. 직접수를 교정 방향의 대각선으로 가볍게 밀며 누른다. 4. 직접수, 간접수 동시에 교차신전 후 순간 교정한다.
효과 및 효능	경추 아탈구 조정, 불면증, 눈.코.입.머리 질환 완화 효과

경추교정 4

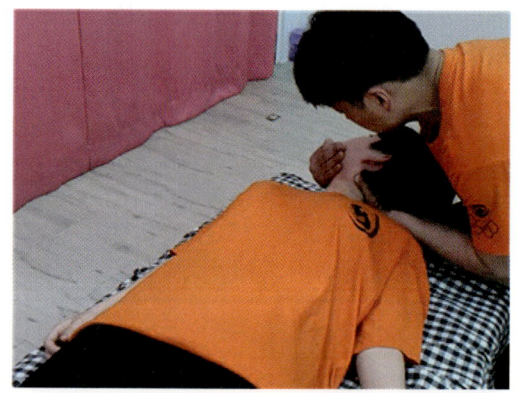
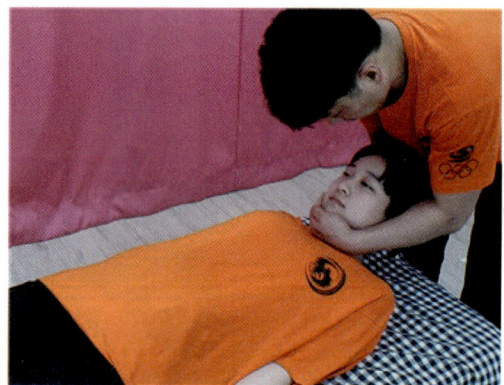
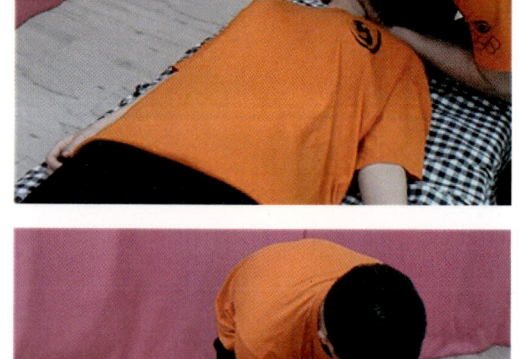
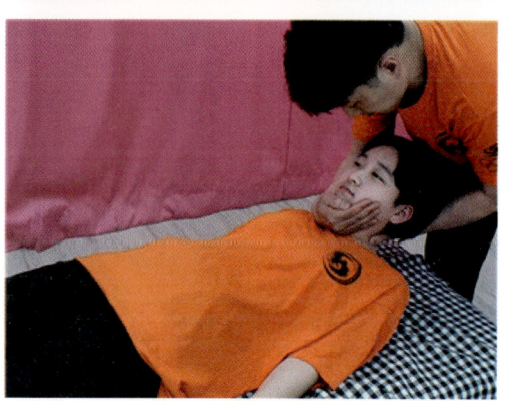

형 태	경추 교정
본인 자세	앙와위 다리 편 자세
시술인 자세	본인의 머리 위에 서서 전신을 본다.
직접수	턱을 감싸 잡고 머리를 팔뚝에 올려놓는다.
방 법	1. 엄지와 검지로 시술자의 목을 살짝 들어올린다. 2. 간접수로 왼쪽 턱을 감싸 잡고 돌려 당기며 직접수로 후두부를 접촉한다. 3~4. 간접수로 오른쪽 턱을 감싸 잡고 돌려 당기며 직접수로 후두부를 접촉한다.
효과 및 효능	두부 혈액순환 향상, 경추 2번, 3번 교정 두통, 만성피로 완화, 알레르기, 습진 완화

흉추교정 1

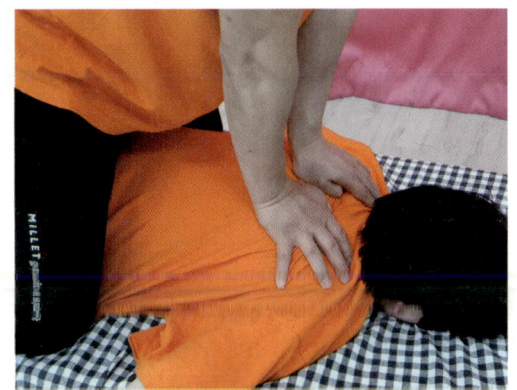
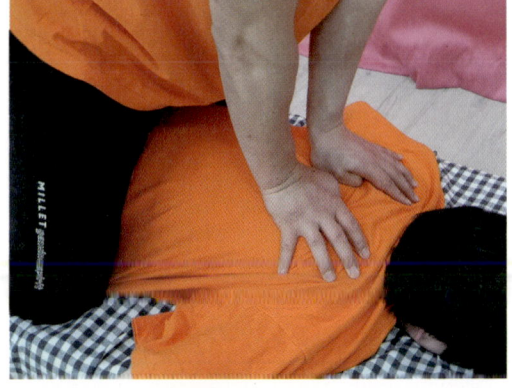
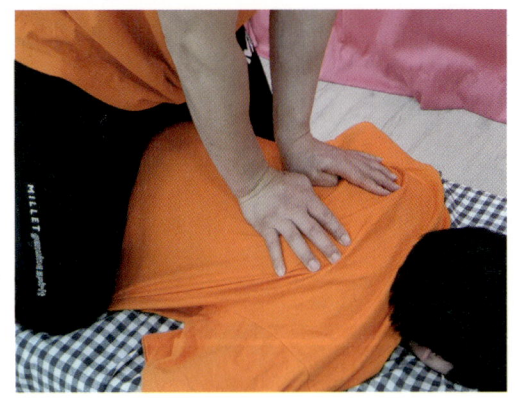
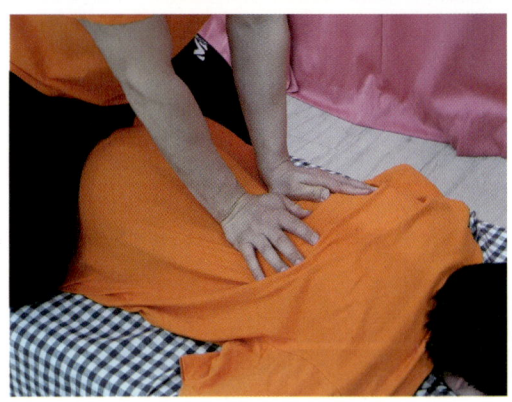

형 태	흉추 교정
본인 자세	복와위(하지 길게 편 자세)
시술인 자세	엄지손가락을 접어 흉추의 횡돌기에 접촉한다. 상체를 앞으로 숙여 주관절을 편다.
직접수	직접수와 동일 자세
방 법	1. 양손 엄지를 접어 흉추 횡돌기에 접촉하고 주관절을 펴서 순간 교정한다.
효과 및 효능	척추 아탈구 교정

흉추교정 2

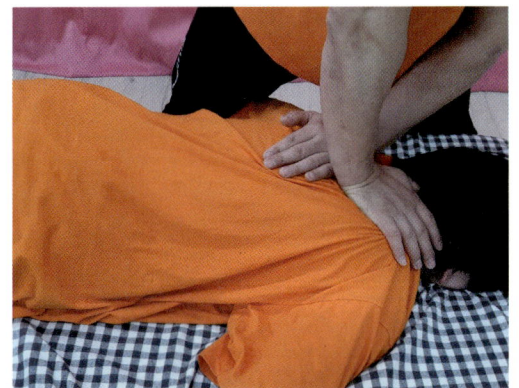
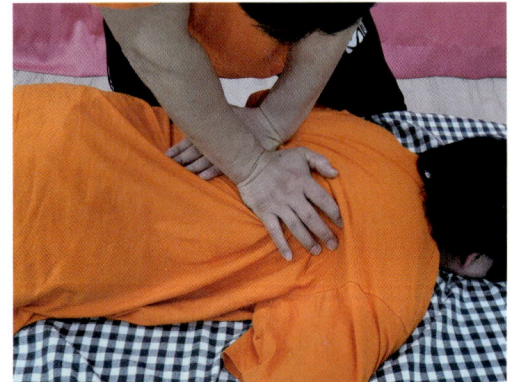
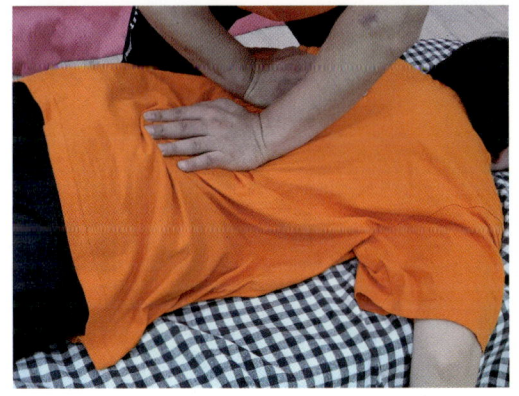
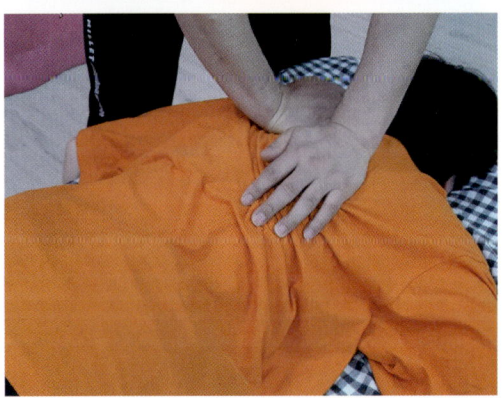

형 태	흉추 교정
본인 자세	복와위(하지 길게 편 자세)
시술인 자세	흉추의 횡돌기에 척추 방향으로 손가락을 향한다. 횡돌기에 대고 가볍게 비틀어 접촉한다.
직접수	직접수의 반대방향으로 손가락을 향한다.
방 법	1. 양손으로 교차된 가벼운 압력으로 똑바로 밑으로 순간 교정한다.
효과 및 효능	척추 아탈구 교정

흉추교정 3

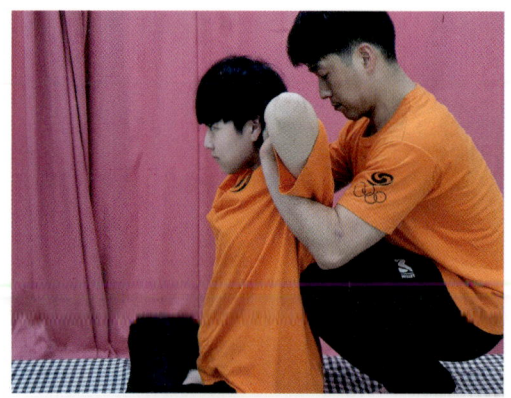
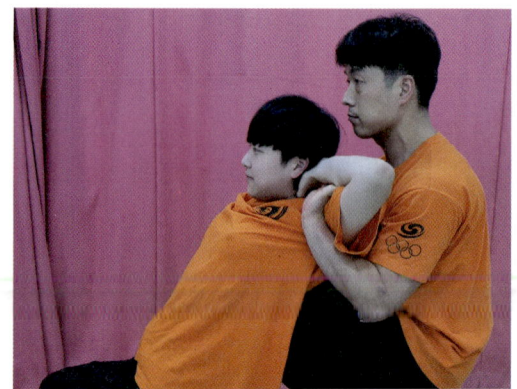
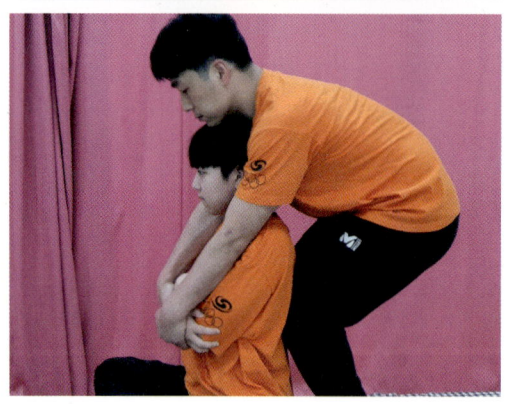
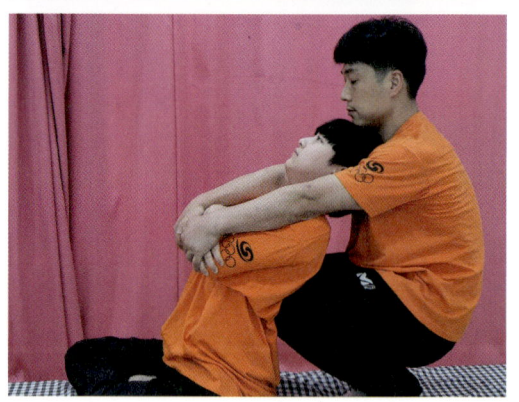

형 태	등 · 허리(흉추 교정)
본인 자세	좌위(양반다리 후 양 팔을 가슴에 붙여 팔꿈치에 교차한다)
시술인 자세	1~2 시술 대상자 뒤쪽에서 무릎을 허리 윗 부분에 접촉하고 순간 뒤로 당긴다. 3~4 시술 대상자 머리 깍지를 하고 팔목을 뒤로 순간 당긴다.
직접수	양손으로 팔꿈치를 감싸 잡는다.
방 법	1. 시술 대상자 뒤쪽에서 무릎을 허리 윗 부분에 접촉하고 순간 뒤로 당긴다. 2. 시술 대상자 머리 깍지를 하고 팔목을 뒤로 순간 당긴다.
효과 및 효능	흉추 아탈구 교정, 비괴(복강에 적괴,음식,어혈 등이 생겨 명치 끝에 응어리가 찬 증상)예방, 위통, 위경련, 장염, 요통 예방

흉추교정 4

형 태	등 · 허리(흉추 교정)
본인 자세	좌위(양손으로 목을 감싸잡고 머리를 숙인 자세)
시술인 자세	본인의 후면 위치 (가슴을 본인 등에 접촉한다)
직접수	양손으로 팔꿈치를 감싸 잡는다.
방 법	1~2. 가슴을 본인 등에 밀착시키고 양손으로 팔꿈치를 감싸 잡는다. 3~4. 감싸 잡은 상태에서 순간 상체를 뒤로 들어올려 교정한다.
효과 및 효능	흉추 아탈구 교정, 심통, 동계항진, 천심, 만성기관지염 예방

흉추교정 5

형 태	등 · 허리(흉추 교정)
본인 자세	대상자 뒤에 서서 등 뒤에 밀착한다.
시술인 자세	머리에 깍지를 하고 팔목을 뒤로 순간 당긴다.
직접수	양손으로 팔목을 잡는다.
방 법	시술 대상자 머리 깍지를 하고 팔목을 뒤로 순간 당긴다.
효과 및 효능	흉추 아탈구 교정, 심통, 동계항진, 천심, 만성기관지염 예방 위통, 위경련, 장염, 요통 예방

흉추교정 6

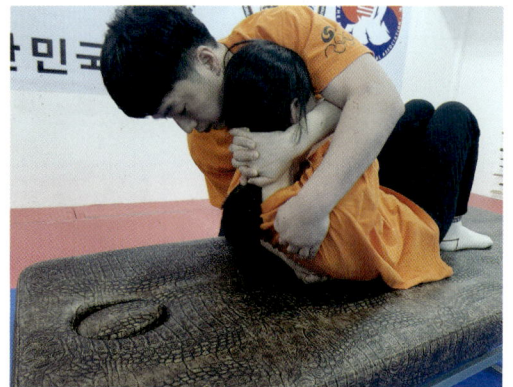
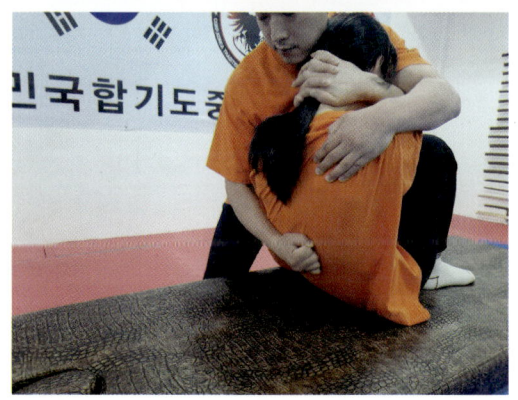
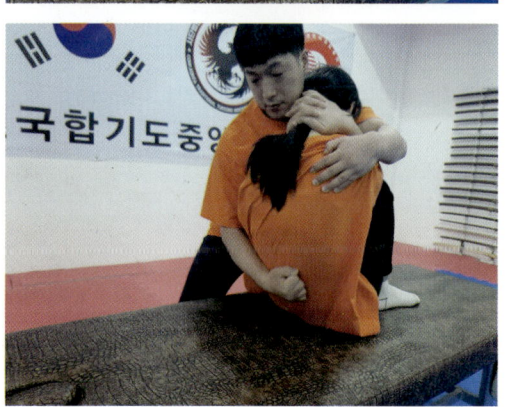

형 태	흉추 교정
본인 자세	대상자 측면에 위치한다.
시술인 자세	깍지를 끼고 턱 안쪽으로 모은 자세를 취하게 한다.
직접수	가볍게 쥔 주먹으로 흉추 횡돌기에 접촉한다.
방 법	1. 시술자의 양 무릎을 세운 상태에서 누워준다. 2. 시술자의 깍지를 낀 팔꿈치와 어깨를 잡는다. 3. 어깨를 감싸고 간접수를 본인의 머리 뒤로 넘겨 흉추에 접촉한다. 4. 복부에 측면을 어깨로 감싸 어깨로 접촉하여 간접수를 당겨 올리며 직접수로 흉추를 따라 이동하며 순간 교정한다.
효과 및 효능	흉추 아탈구 조정 두드러기, 알레르기 여드름, 습진 기침, 손발통증 완화

흉추교정 7

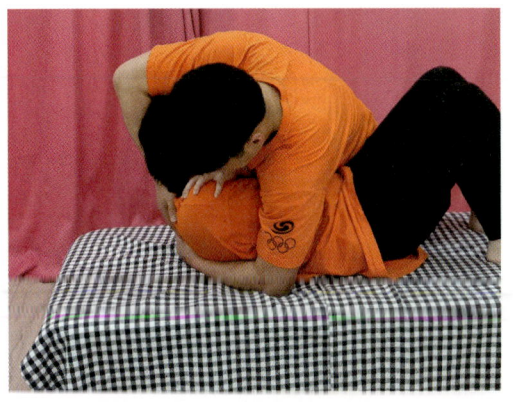

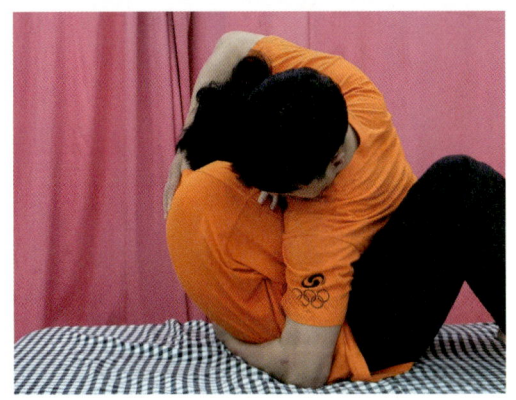

형 태	흉추 교정
본인 자세	대상자 측면에 위치한다.
시술인 자세	본인의 측면 위치 양팔을 교차시킨 본인 가슴에 복부를 접촉한다.
직접수	가볍게 쥔 주먹으로 흉추 횡돌기에 접촉한다.
방 법	1. 시술자의 양 손을 교차시켜 고정하고 양 무릎을 세운 상태에서 눕혀준다. 2. 머리를 감싸잡고 간접수를 본인의 머리 뒤로 넘겨 세운 상태에서 눕혀준다. 3. 복부에 축면을 양팔을 교차시킨 가슴에 접촉한다. 4. 간접수를 당겨 올리며 직접수로 흉추를 따라 이동하며 순간 교정한다.
효과 및 효능	흉추 아탈구 조정 두드러기, 알레르기 여드름, 습진 기침, 손발통증 완화

흉추교정 8

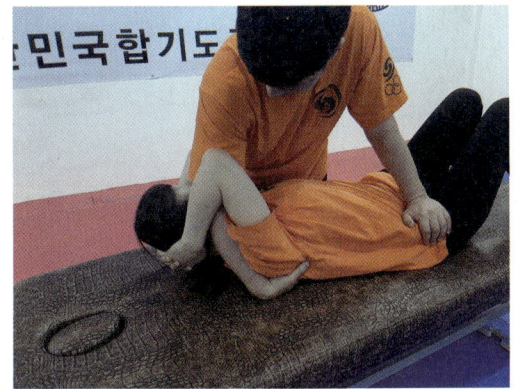
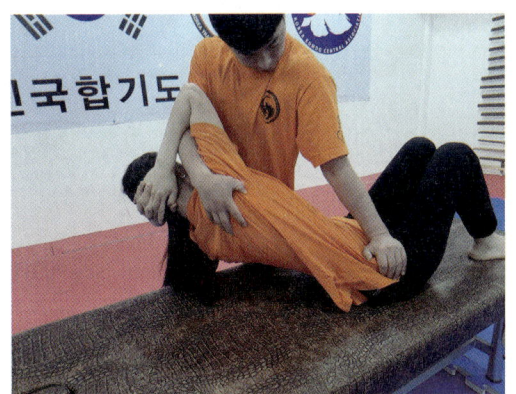
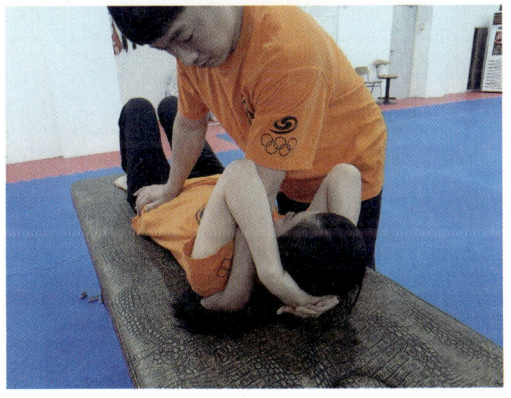
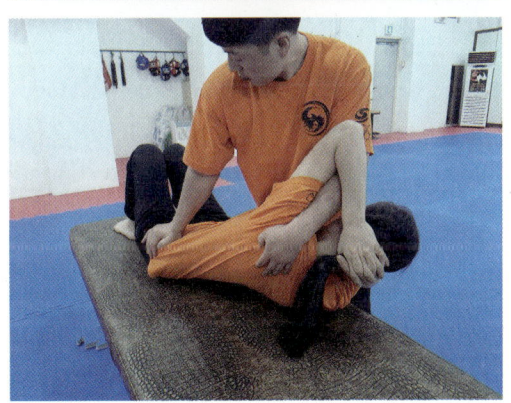

형 태	흉추 교정
본인 자세	앙와위 무릎 구부려 세운 자세
시술인 자세	무릎을 구부린 자세에서 머리에 깍지를 낀 사이로 어깨를 잡는다.
직접수	골반을 지긋이 누르고 깍지낀 사이로 어깨를 잡는다.
방 법	시술자의 양 무릎을 세운 상태에서 골반을 직접수로 누르고 깍지낀 사이로 어깨를 순간 당긴다.
효과 및 효능	흉추 아탈구 조정 두드러기, 알레르기 여드름, 습진 기침, 손발통증 완화

흉추교정 9

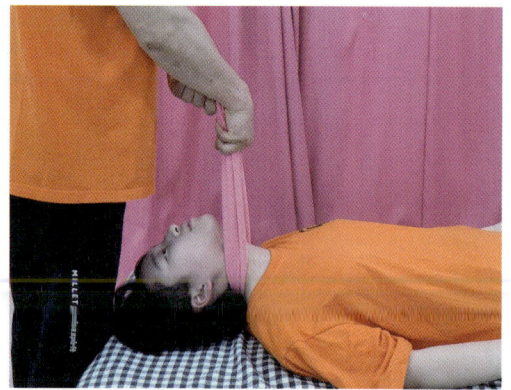
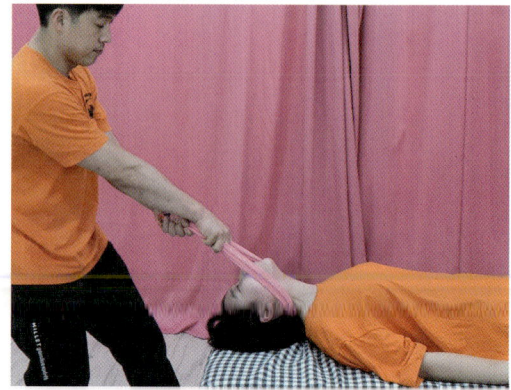
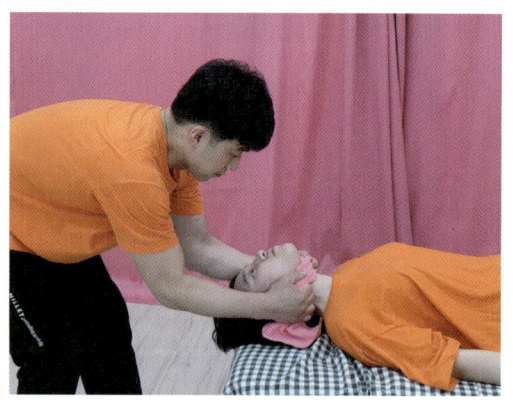
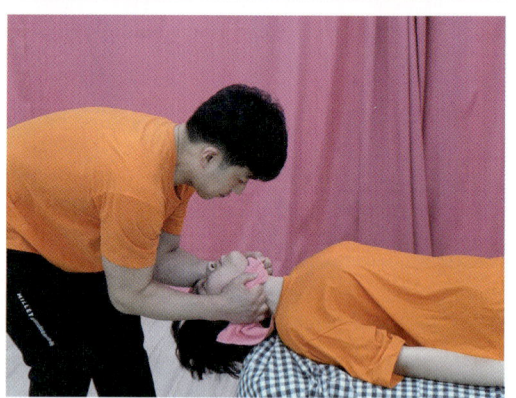

형 태	경추 교정
본인 자세	앙와위 다리 편 자세
시술인 자세	본인의 머리 위에 서서 전신을 본다. 한쪽 발을 시술대에 밀착하여 고정한다.
직접수	양손으로 수건을 잡는다.
방 법	1. 긴 수건으로 후두부에 걸고 의자에 앉는다. 2. 양발로 어깨를 고정하여 양손으로 머리 위로 신전시킨다. 3. 시술대 위로 올라 양손을 천정방향으로 신전시킨다. 4. 머리 위에서 시술대에 다리 고정 후 당겨 신전시키고 순간 고정한다.
효과 및 효능	두부 혈액순환 향상, 경추 아탈구 조정

요추교정 1

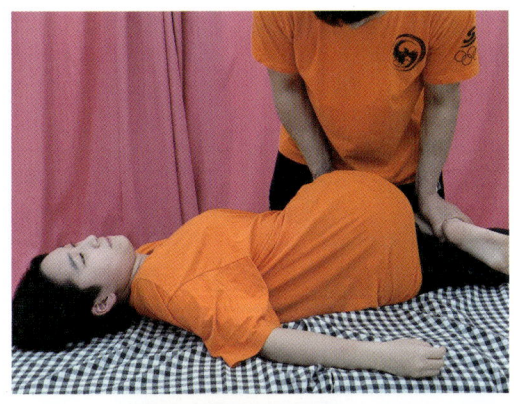
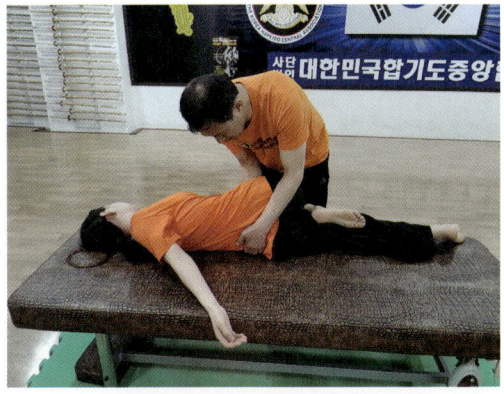
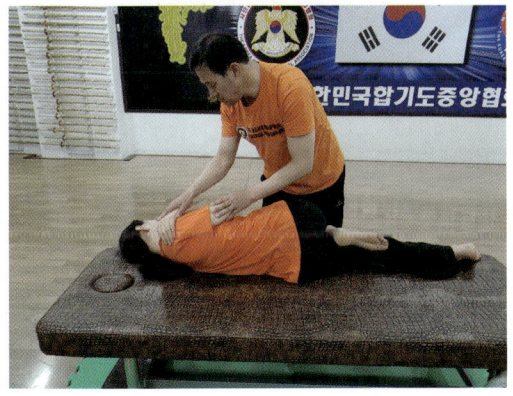
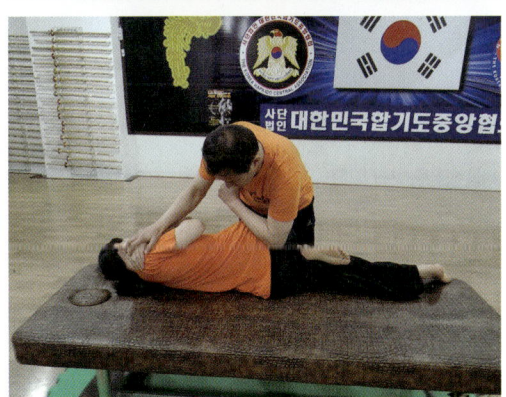

형 태	요추 교정
본인 자세	앙와위 무릎을 굽힌 자세
시술인 자세	본인의 측면 위치, 한발을 시술대 위 본인의 발목 걸어 고정한다.
직접수	상체를 앞으로 숙여 척골부를 골반에 접촉한다. 간접수의 손목을 잡는다.
방 법	1. 한쪽 무릎을 세워 몸으로 당겨 눕힌다. 2. 허리띠를 잡고 당기며 무릎을 밀어 넣고 발목을 무릎 옆에 고정한다. 3. 골반에 척골을 밀착시키고 상체를 숙여 간접수의 손목을 잡는다. 4. 무릎을 본인의 무릎에 올려놓고 순간 교정한다.
효과 및 효능	골반 유연성 향상, 하지 혈액순환 향상

요추교정 2

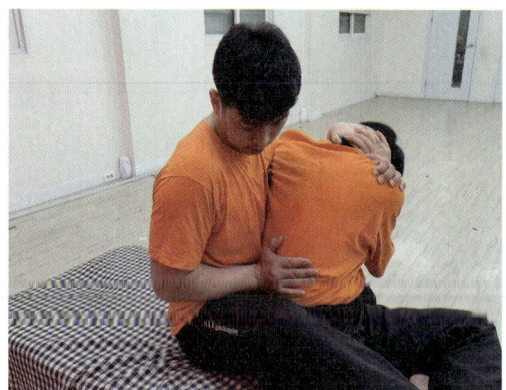
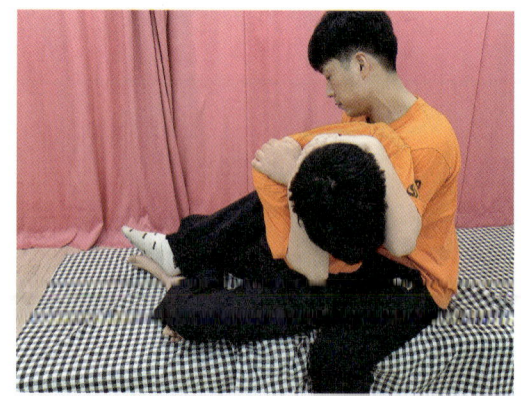
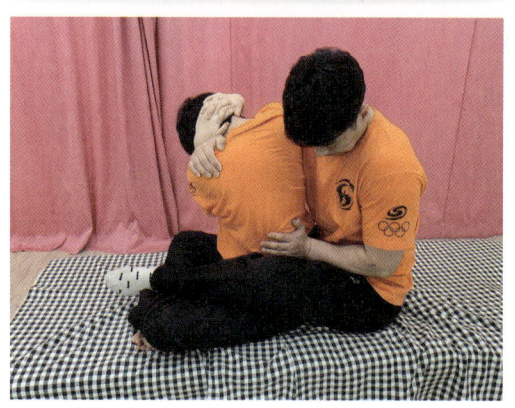
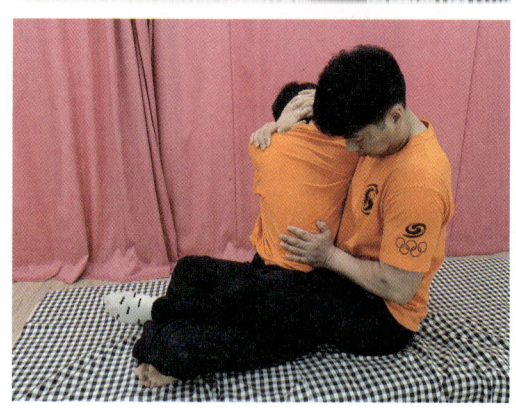

형 태	등, 흉추 교정
본인 자세	좌위(시술대에 무릎을 밀착시킨 자세)
시술인 자세	본인의 후면 위치
직접수	1~2. 직접수로 흉추의 횡돌기 오른쪽에 손바닥을 접촉하며 주관절을 등과 직각을 유지한다. 3. 간접수로 머리와 상체를 고정한다. 4. 위수, 삼초수, 신수, 기혜수를 교정한다.
방 법	1. 간접수로 머리와 상체를 고정한다. 2. 직접수로 흉추의 횡돌기에 손바닥을 접촉하며 주관절은 등과 직각을 유지한다.
효과 및 효능	흉추 아탈구 조정

요추교정 3

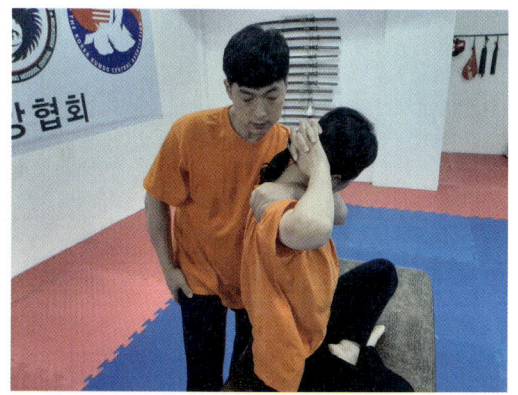

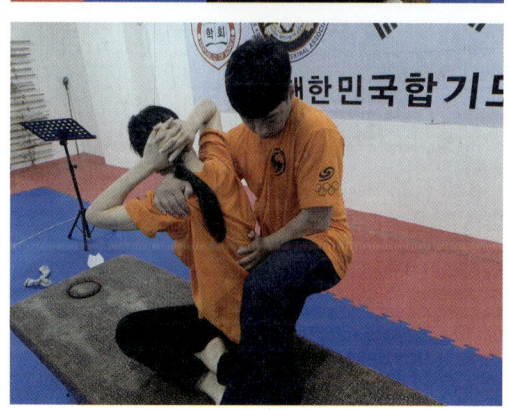

형 태	등, 흉추 교정
본인 자세	좌위(시술대에 무릎을 밀착시킨 자세)
시술인 자세	본인의 후면 위치
직접수	1~2. 직접수로 흉추의 횡돌기 오른쪽에 손바닥을 접촉하며 주관절을 등과 직각을 유지한다. 3. 간접수로 머리와 상체를 고정한다. 4. 위수, 삼초수, 신수, 기혜수를 교정한다.
방 법	1. 간접수로 머리와 상체를 고정한다. 2. 직접수로 흉추의 횡돌기에 손바닥을 접촉하며 주관절은 등과 직각을 유지한다.
효과 및 효능	흉추 아탈구 조정

어깨교정 1

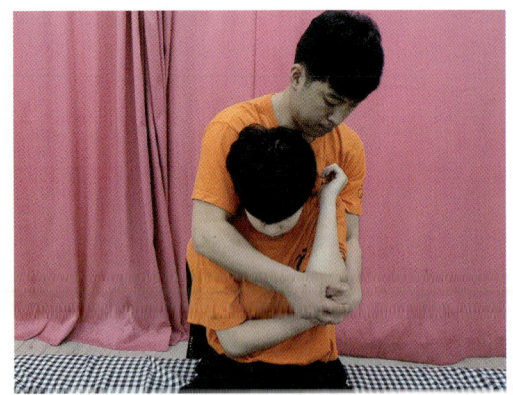
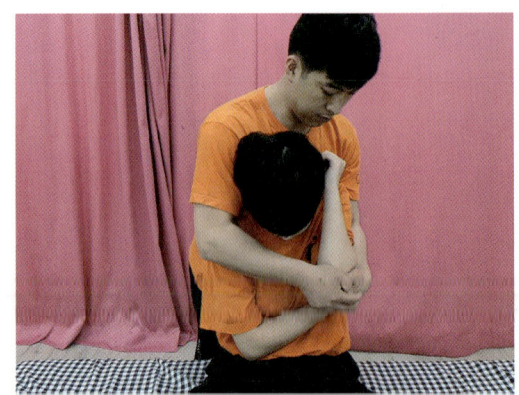
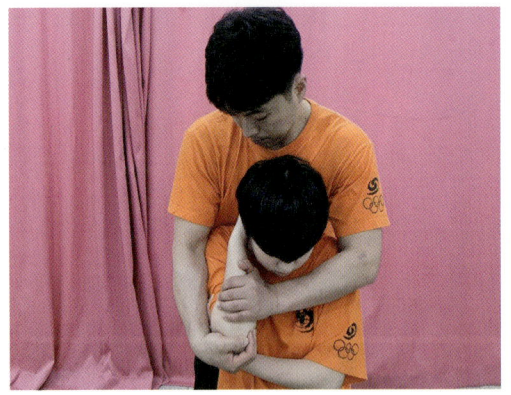
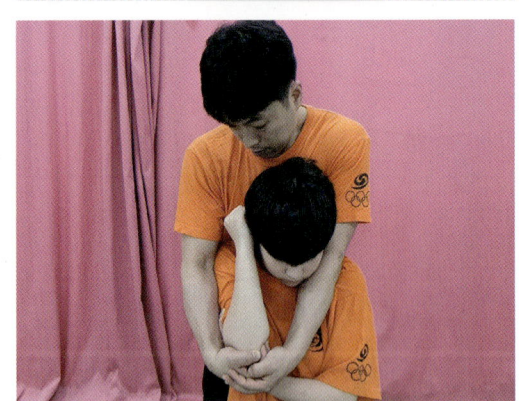

형 태	어깨 교정
본인 자세	상대방 뒤에 선다.
시술인 자세	한손을 목에 감싸게 하여 숙이게 한다.
직접수	상대방의 뒤쪽에 위치하여 팔꿈치를 깍지로 끼워 잡는다.
방 법	상대방 뒤에 위치하여 팔꿈치를 깍지로 끼고 순간 당긴다.
효과 및 효능	오십견 예방, 팔저림 예방, 혈액순환 향상

어깨교정 2

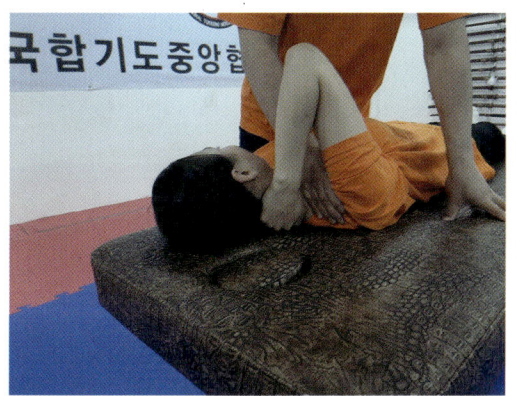
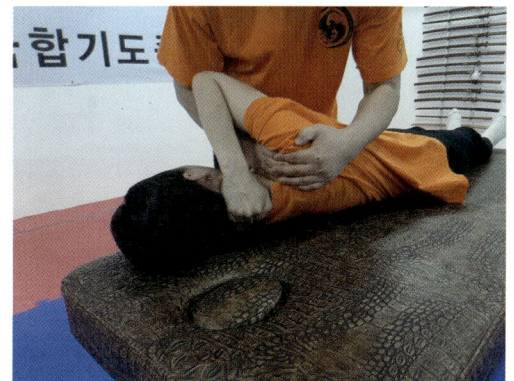
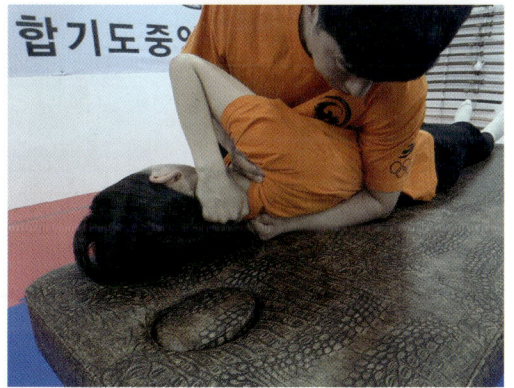
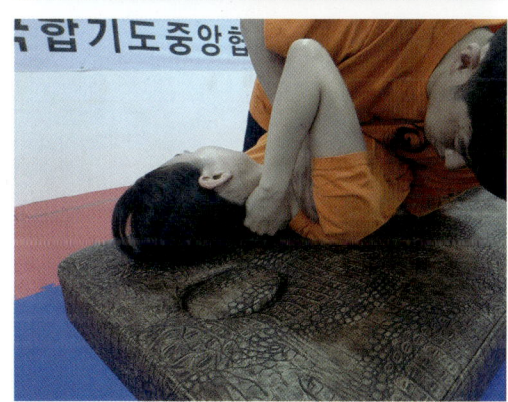

형 태	어깨 교정
본인 자세	상대방 측면에 위치한다.
시술인 자세	누운 자세에서 목을 감싸게 한다.
직접수	상대방의 측면의 위치하여 간접수로 어깨를 잡고 직접수로 능형근에 위치한다
방 법	상대방 측면에 위치하여 직접수로 능형근에 위치하고 어깨를 순간 누른다.
효과 및 효능	오십견 예방, 팔저림 예방, 혈액순환 향상

어깨교정3

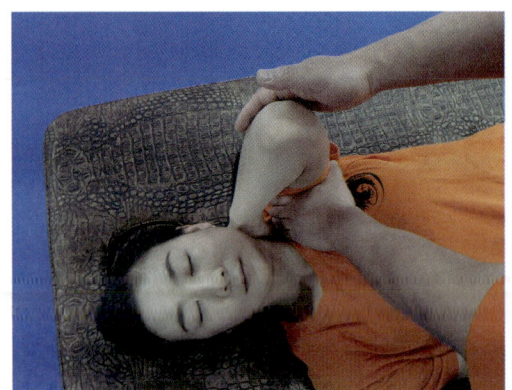
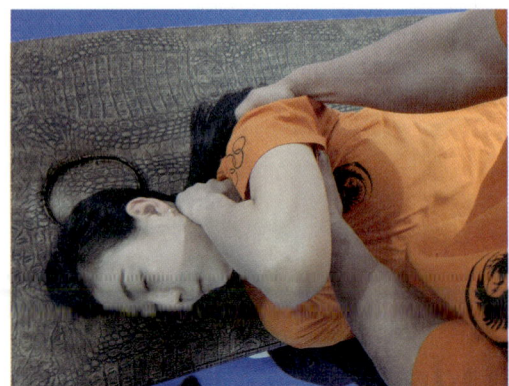
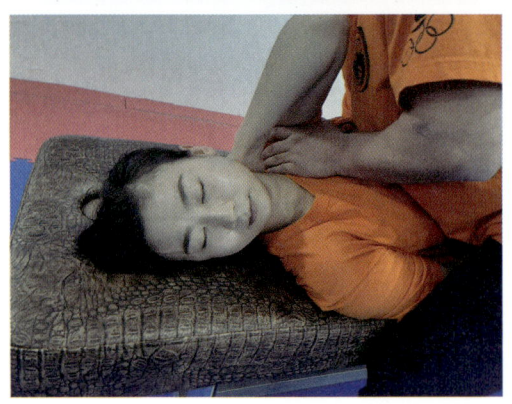
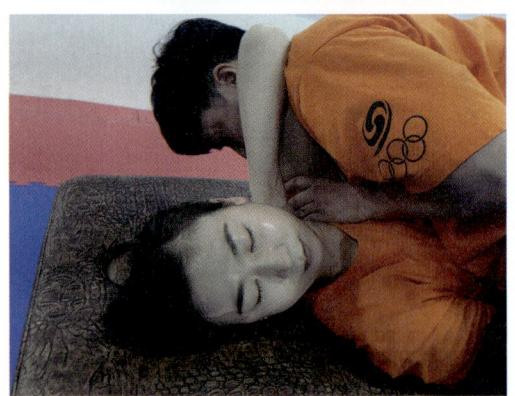

형 태	어깨 교정
본인 자세	상대방 측면에 위치한다.
시술인 자세	누운 자세에서 목을 감싸게 한다.
직접수	상대방의 측면의 위치하여 간접수로 어깨를 잡고 직접수로 능형근에 위치한다.
방 법	상대방 측면에 위치하여 직접수로 능형근에 위치하고 어깨를 순간 누른다.
효과 및 효능	오십견 예방, 팔저림 예방, 혈액순환 향상

어깨교정 4

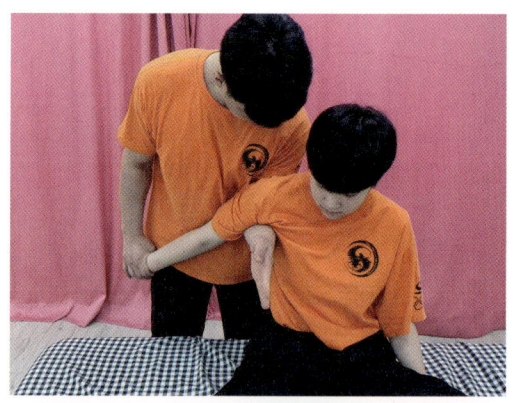
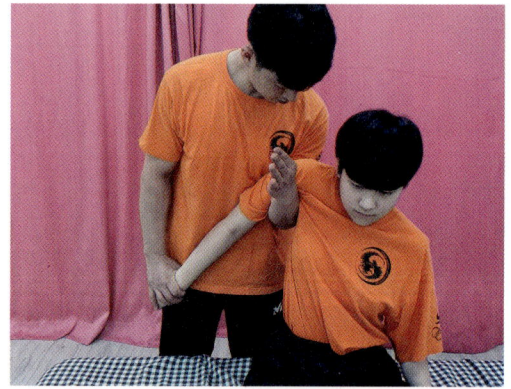
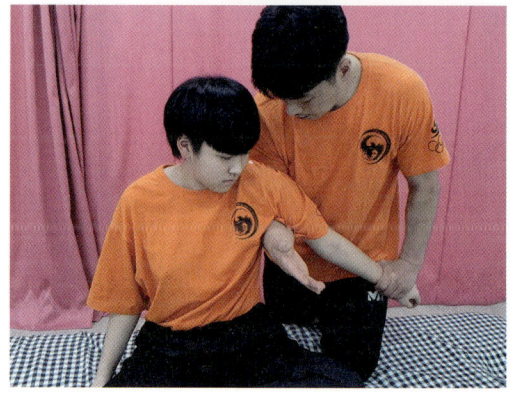
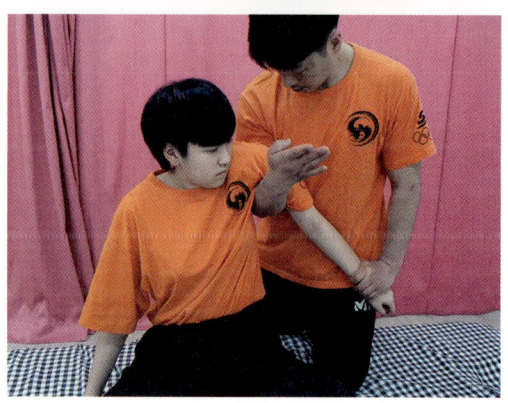

형 태	어깨 교정
본인 자세	상대방의 뒤에 위치한다.
시술인 자세	한쪽팔을 가볍게 들게한다.
직접수	간접수로 상대방의 팔목을 잡고 직접수로 겨드랑이 사이에 위치한다.
방 법	간접수로 상대방의 팔목을 잡고 직접수로 겨드랑이 사이에 위치한 후 순간 위로 당긴다.
효과 및 효능	오십견 예방, 팔저림 예방, 혈액순환 향상

어깨교정 5

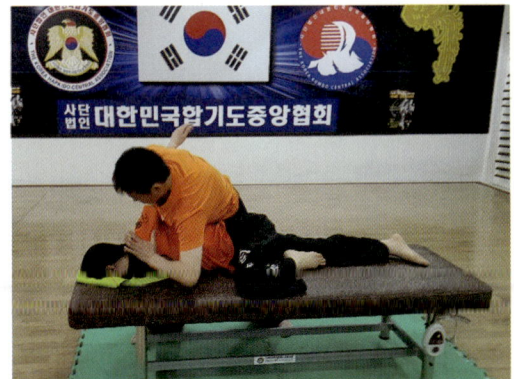
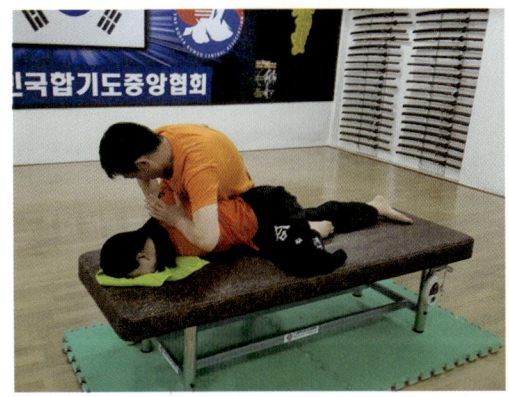

형 태	견갑골 교정
본인 자세	복와위(무릎 접고, 상지 올린 자세)
시술인 자세	어깨에 손바닥을 접촉한다.
직접수	승모근과 견갑골 주위에 손바닥을 접촉한다.
방 법	1. 본인의 무릎을 접고 겨드랑이 사이에 상체를 넣는다. 2. 간접수는 주관절을 접어 승모근과 견갑골 주위에 고정한다. 3. 직접수는 주관절에 접어 삼각근에 눌러 고정한다. 4. 순간 교정한다.
효과 및 효능	어깨 유연성 향상 및 오십견 예방 기관지염, 천식, 호흡곤란 견배통, 인두염, 흉통 등

팔꿈치교정

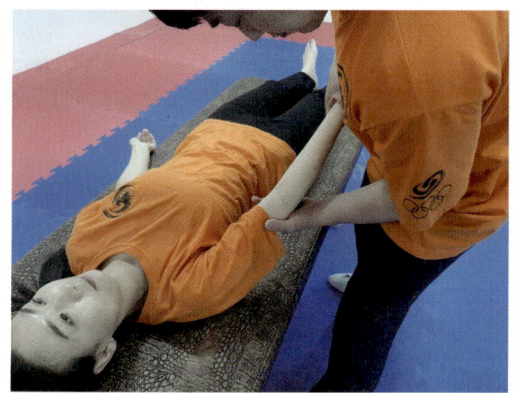
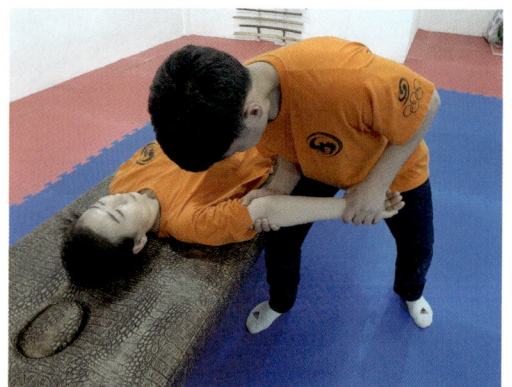
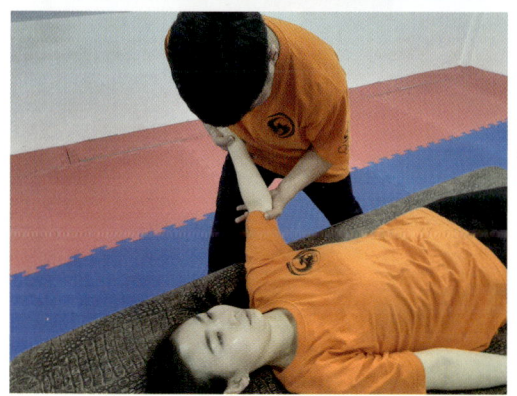
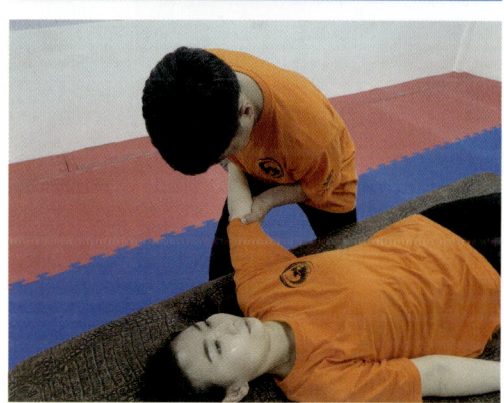

형 태	팔꿈치 교정
본인 자세	상대방의 측면에 위치한다.
시술인 자세	팔을 벌리게 한다.
직접수	간접수로 상대방의 팔목을 잡고 직접수로 상대방의 팔꿈치 윗 부분을 잡는다.
방 법	간접수로 상대방의 팔목을 잡고 직접수로 상대방의 팔꿈치 윗 부분을 순간 밀어낸다.
효과 및 효능	팔꿈치 교정 및 테니스엘보 예방

손목교정 · 요추교정 4

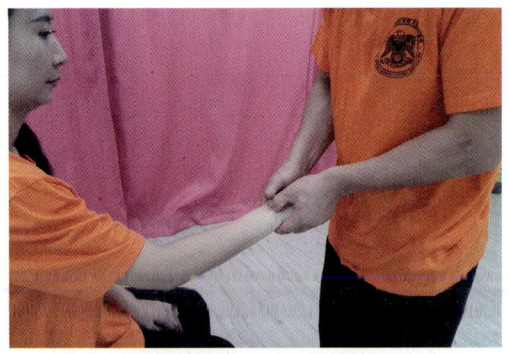
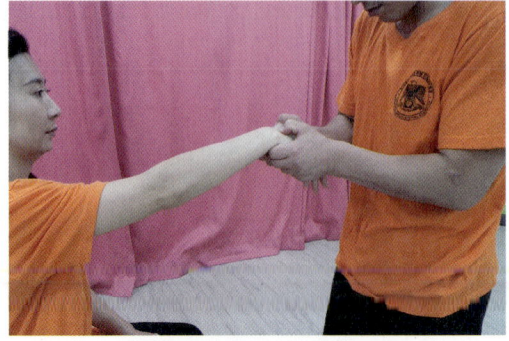
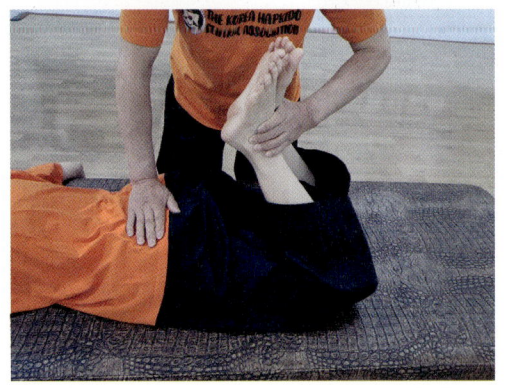
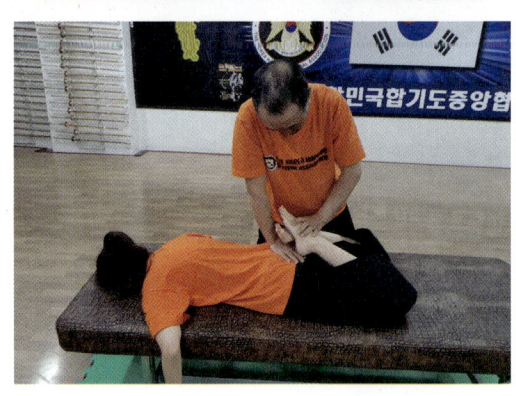

형 태	손목 교정	골반 / 척추 교정
본인 자세	좌위(시술대에 무릎 뒤를 밀착시킨 자세)	복와위(무릎 세워 발가락 교차한 자세)
시술인 자세	본인의 전면 위치	천골을 손바닥으로 접촉한다. 상체를 앞으로 숙인다.
직접수	검지와 중지로 손가락을 잡는다.	고차된 발등에 손바닥을 접촉한다
방 법	1~2. 손 전체를 잡고 가볍게 지침한다. 3. 엄지와 검지로 손목을 가볍게 잡고 하삼지로 흔들어 준다. 4. 네 손가락으로 당겨 꺾어 신전하며 엄지로 밑으로 누르며 순간 교정한다.	1. 양 무릎을 세워 발가락을 교차시켜 손바닥으로 교차하여 누른다. 2. 천골에 손바닥을 교차시켜 누른다. 3. 양손을 교차시켜 신전하며 순간 교정한다.
효과 및 효능	수지 혈액순환 향상, 손목 아탈구 조정	골반 아탈구 교정, 꼬리뼈 통증 완화, 좌골 신경통 완화

골반교정 1

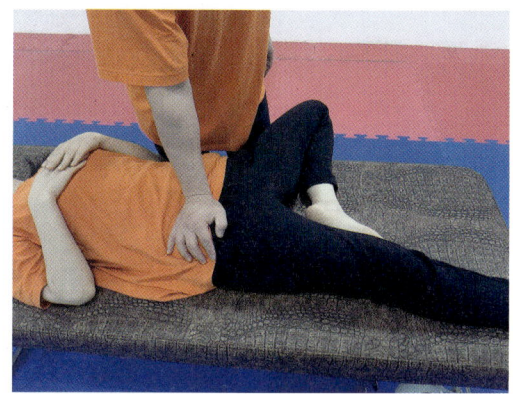
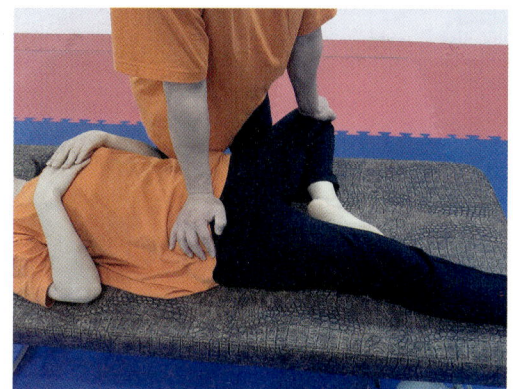
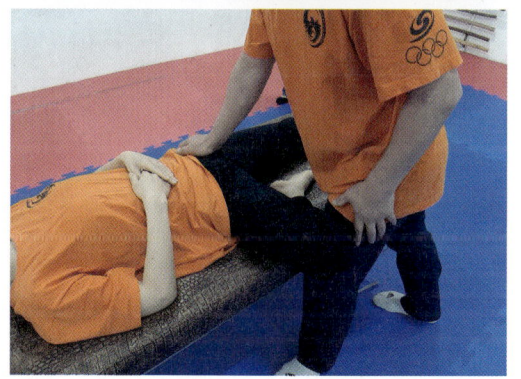
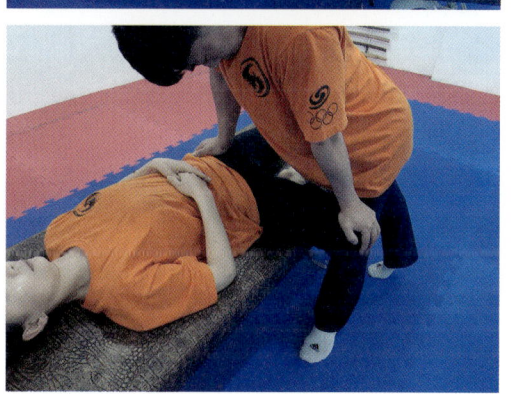

형 태	골반 교정
본인 자세	앙와위 무릎을 세운 자세
시술인 자세	본인의 측면 위치 한발을 시술대 위 본인의 발목 걸어 고정한다.
직접수	구부린 무릎에 손바닥을 접촉한다. 상체를 앞으로 숙여 주관절을 편다.
방 법	1. 세워 있던 무릎을 밖으로 눕혀 편 다리의 무릎 위에 올려놓는다. 2. 올려놓은 발목에 다리를 걸고 고정한다. 3. 간접수, 직접수를 위아래로 번갈아 눌러준다. 4. 눌러준 직접수를 순간 비껴 놓는다.
효과 및 효능	골발 유연성 향상 하지 혈액순환 향상

골반교정 2

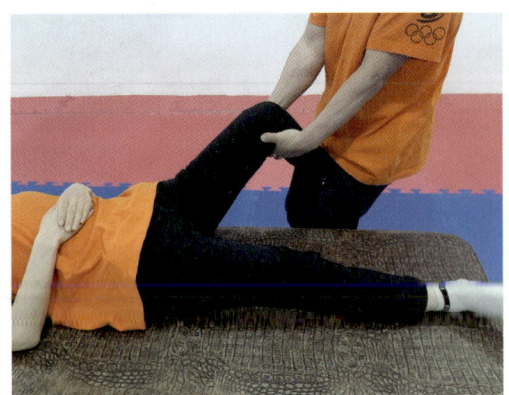
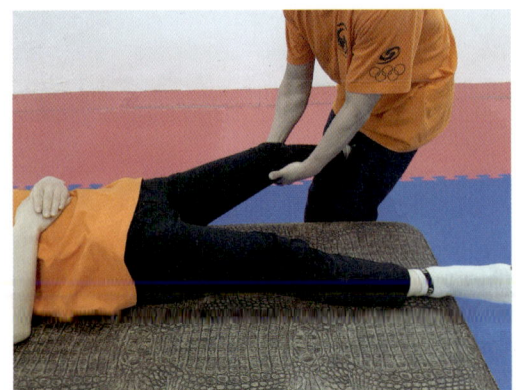
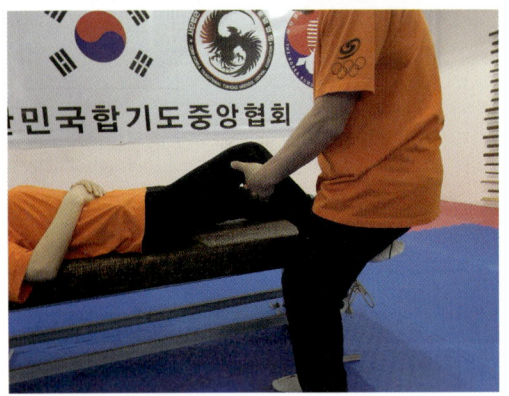
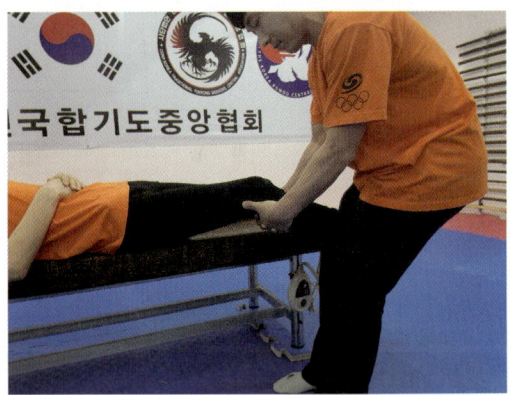

형 태	고관절 교정
본인 자세	무릎에 발목 부분을 끼운 자세
시술인 자세	본인의 아래 위치 무릎에 발목을 끼운 자세
직접수	구부린 다리의 발목 부분을 무릎에 끼우고 상대 무릎 뒤쪽을 잡는다.
방 법	1. 직접수로 무릎 뒷부분을 당긴다. 2. 무릎에 발목을 끼운 상태에서 순간 뒤쪽으로 당긴다.
효과 및 효능	골반과 무릎 교정 하지 혈액순환 향상

골반교정 3

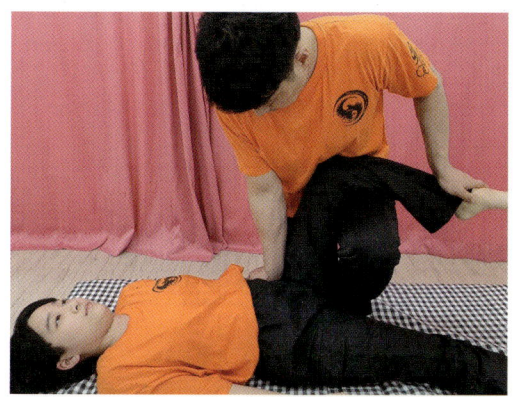
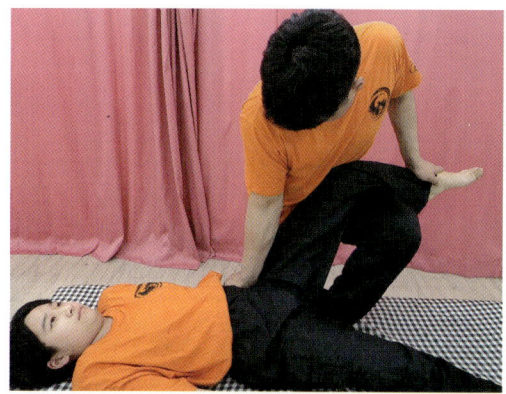
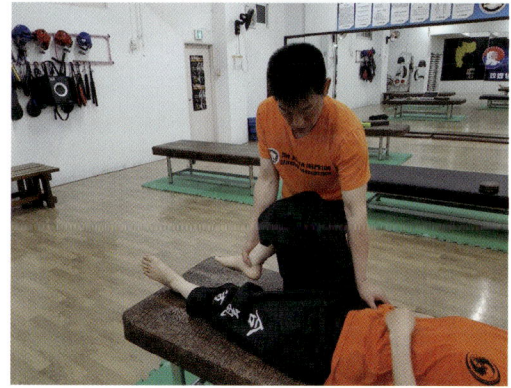
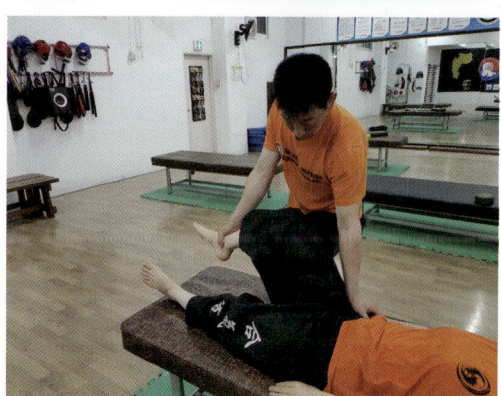

형 태	고관절 교정
본인 자세	앙와위 무릎을 굽힌 자세
시술인 자세	본인의 측면 위치 한발을 무릎 뒤에 넣고 상체를 숙인다.
직접수	구부린 다리의 발목, 발등을 접촉한다.
방 법	1. 간접수로 고관절을 고정하고 발목을 잡아 아래로 눌러준다. 2. 간접수로 고관절을 고정하고 발목을 잡아 대각선으로 당기며 늘려준다. 3. 직접수로 발가락을 교정한다.
효과 및 효능	골반 유연성 향상 하지 혈액순환 향상

골반교정4

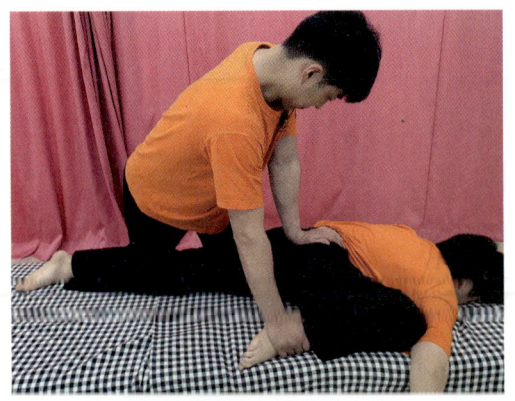 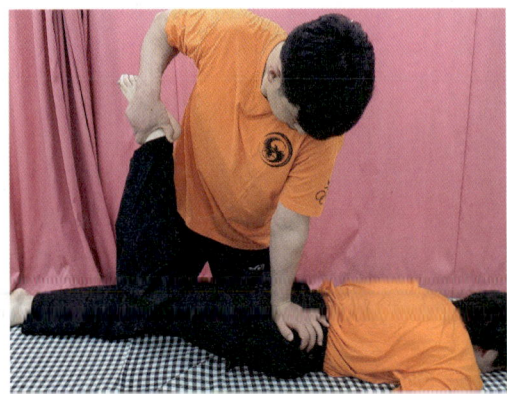

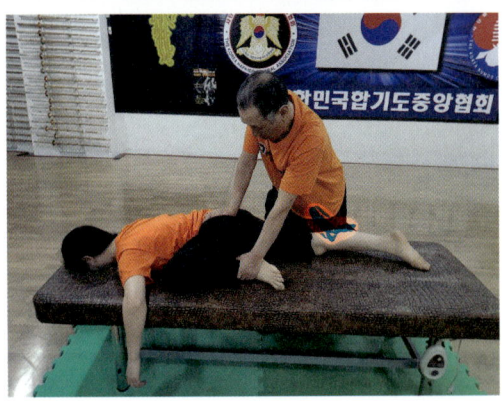 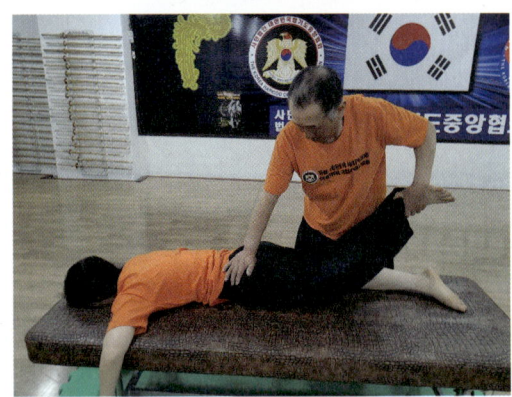

형 태	골반 교정
본인 자세	상대방의 측면에 위치한다.
시술인 자세	복와위(한 쪽 무릎을 구부린 자세)
직접수	구부린 다리의 엉덩이에 손바닥을 접촉한다. 상체를 앞으로 숙여 주관절을 편다.
방 법	1. 직접수는 엉덩이를 누르고 간접수는 발목을 잡아 순간 당긴다. 2. 직접수로 무릎과 간접수는 계속 발목을 잡고 본인의 복부 쪽으로 가져온다. 3. 직접수는 엉덩이를 누르고 간접수는 발목을 잡아 당긴다.(3~4회)
효과 및 효능	골반의 유연성 향상, 하지 혈액순환 향상

골반교정 5

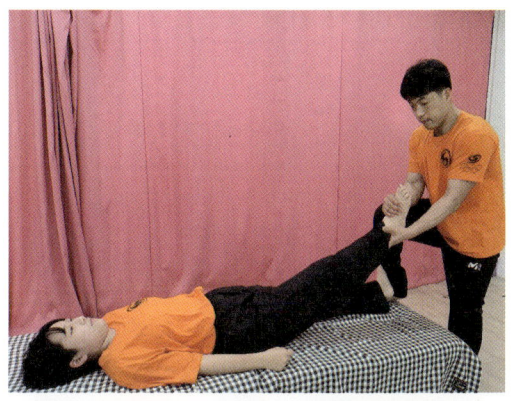
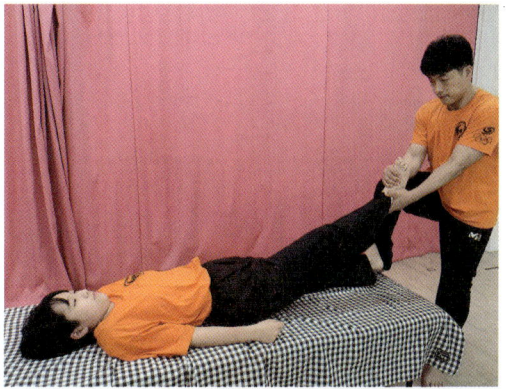
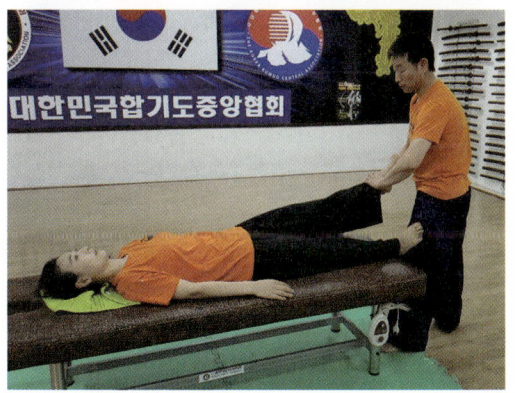
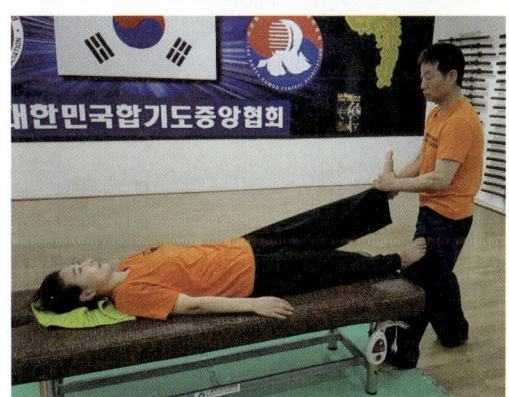

형 태	고관절 교정
본인 자세	앙와위(무릎을 편 자세)
시술인 자세	본인의 다리를 들고 앉는다. 본인의 고관절에 발끝을 잡는다.
직접수	양손으로 발목을 잡는다.
방 법	1. 상대방의 발바닥을 본인 발등 위쪽 부분으로 잡아주고 발목을 순간 당긴다. 2. 상대 발바닥을 무릎에 대고 발목을 잡고 순간 당긴다.
효과 및 효능	하지 유연성 향상 혈액순환 개선

무릎교정 1

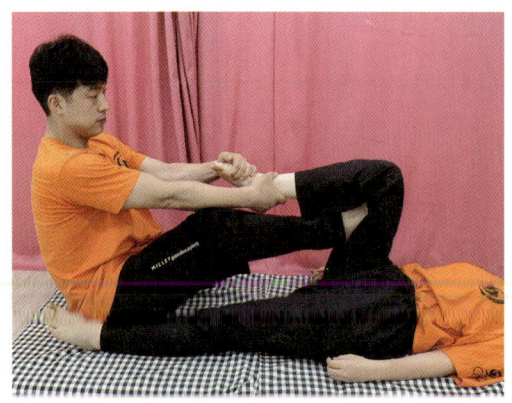 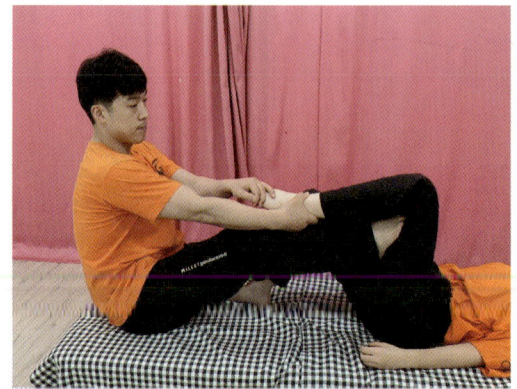
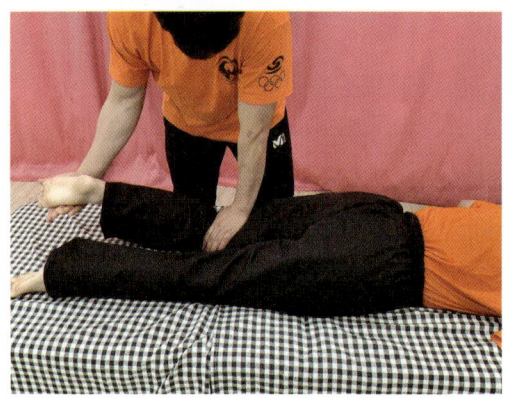 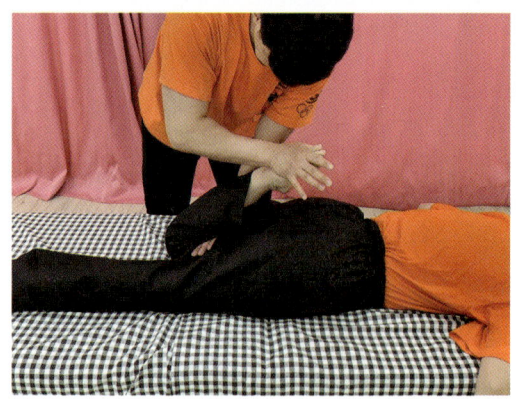

형 태	무릎, 발목 교정
본인 자세	앙와위 무릎을 구부린 자세
시술인 자세	본인의 무릎을 세우고 앉는다. 본인의 오금에 발바닥을 접촉한다.
직접수	양손으로 발목을 잡는다.
방 법	발목을 당기며 오금에 닿아 있는 발바닥을 눌러준다.
효과 및 효능	하지 유연성 향상 무릎 아탈구 조정

발목교정 1

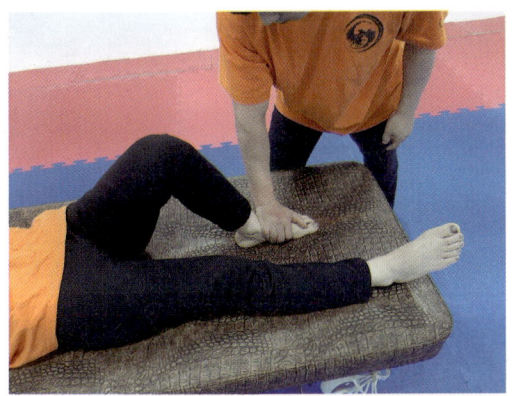
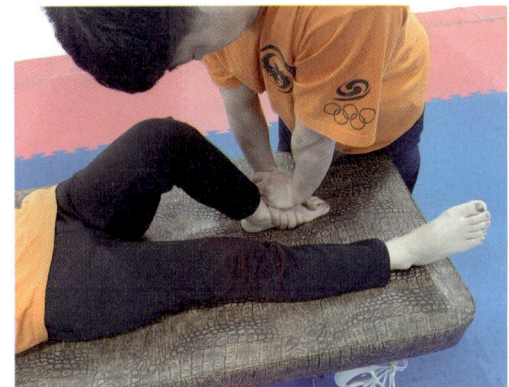
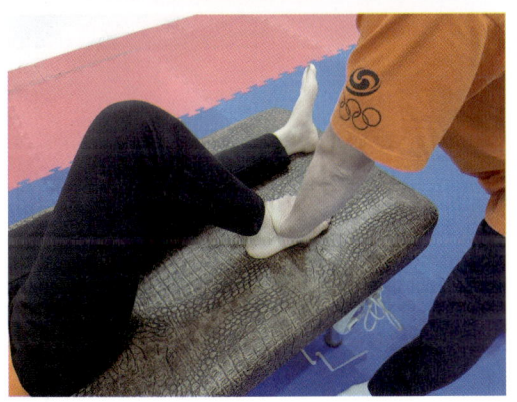

형 태	발목 교정
본인 자세	앙와위(무릎을 세운 자세)
시술인 자세	상대방의 무릎을 세운 발등쪽에 위치한다.
직접수	상대방의 발등 위쪽을 모아 잡는다.
방 법	상대방의 발등 위쪽에 모아 잡은 상태에서 순간 누른다.
효과 및 효능	발목 교정 하지 유연성 향상

발목교정 2

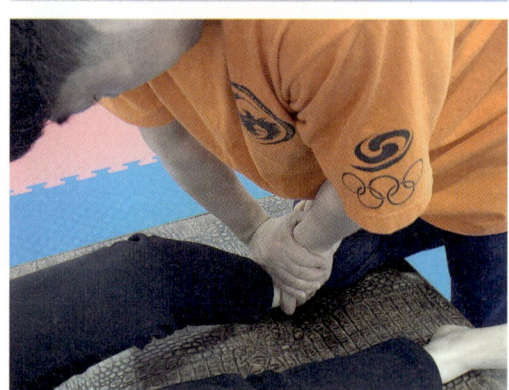

형 태	발목 교정
본인 자세	본인의 무릎을 세워 시술인의 무릎 위쪽에 발바닥을 위치한다.
시술인 자세	본인의 발바닥을 시술인 무릎 위쪽에 위치한다.
직접수	발목 위쪽을 움켜잡고 손목을 잡아준다.
방 법	발목 위쪽을 움켜잡고 순간 눌러준다.
효과 및 효능	발목 교정 하지 유연성 향상

발등교정

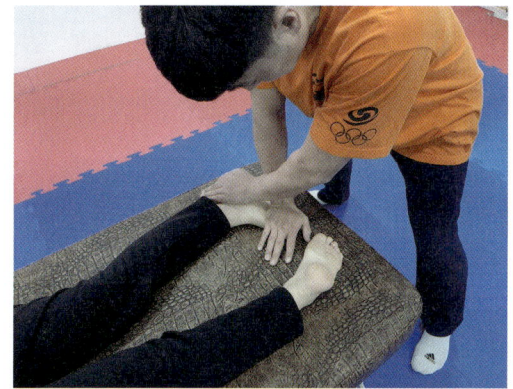
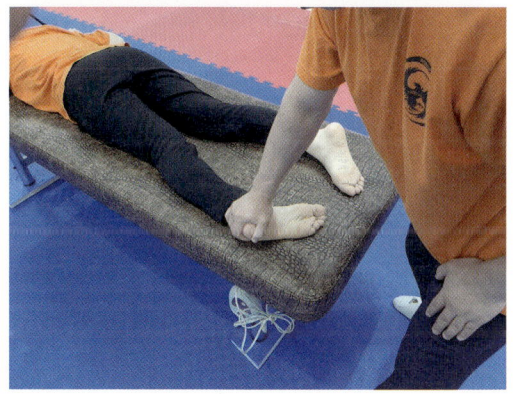
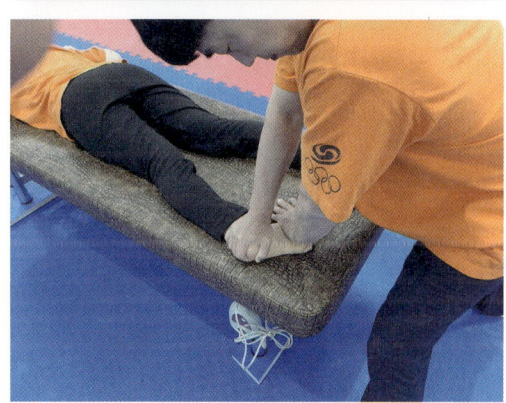

형 태	족궁 교정
본인 자세	앙와위 다리 편 자세
시술인 자세	발바닥을 마주보며 선다.
직접수	손바닥으로 발바닥(족궁)을 접촉한다. 상체를 숙여 주관절을 직각으로 만든다.
방 법	1. 본인의 무릎을 굽혀 뒤꿈치와 족궁을 고정한다. 2. 주관절 펴고 신전 후 순간 교정한다. 3. 간접수는 발목잡고 직접수는 이동하며 종아리를 주물러 준다.
효과 및 효능	하지 혈액순환 향상

발가락교정

 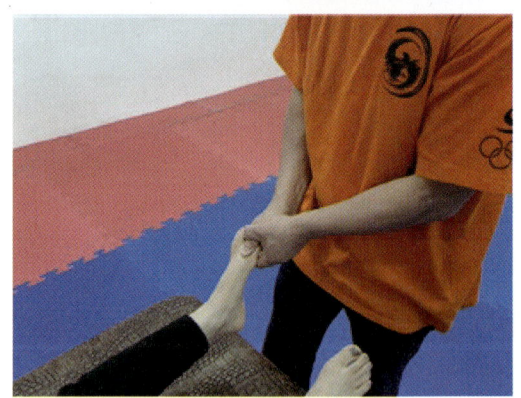

형 태	발가락 교정
본인 자세	앙와위(다리를 편 자세)
시술인 자세	발바닥을 마주보면 선다
직접수	양손의 엄지와 검지 손가락으로 발가락을 잡는다.
방 법	1. 엄지와 검지를 사용하여 들어 올려 흔들어 준다. 2. 새끼발가락에서 엄지발가락으로 실시한다. 3. 발가락 전체를 잡아 흔들어 준다. 4. 발가락 끝에 손가락을 대고 손바닥으로 앞굽을 쳐준다. 5. 발목을 잡고 하지를 흔들어준다.
효과 및 효능	발가락 아탈구 조절 하지 유연성 향상

검도

죽도활용도법 1

태극도법36수 [1]

유효 거리에 있는 대적 상대의 칼을 우로 제치며 들어가 손목, 양 손목, 곡지를 일격에 타격하고 염천을 찌른다.

1. 상대와 겨눔 자세로 대적할 준비한다.

태극도법 1수(손목)

2. 오른발을 내디디며 상대의 손목을 타격한다.

태극도법 2수(양손목)

3. (양 손목) 오른발을 내디디며 상대의 양 손목을 타격한다.

태극도법 3수(곡지)

4. 오른발을 내디디며 상대의 곡지를 타격한다.

태극도법 4수(염천)

5. 양손 찌르기로 상대의 목을 (염천) 찔러준다.

죽도활용도법 11

태극도법36수 [2]

대적 상대가 전진하여 근접거리로 들어오면 양손 찌르기로 상대의 중부혈을 찌르고, 머리를 치고 들어오는 상대의 칼을 머리 막기로 막아내어 좌측으로 흘려주며 견정, 대동맥을 타격한다.

1. 상대와 겨눔 자세로 대적을 준비한다.

태극도법 5수(중부혈)

2. 양손 찌르기로 상대의 어깨를(중부혈) 찔러 준다.

태극도법 6수(견정)

3. 오른발을 내딛으며 상대의 견정을 타격한다.

태극도법 7수(대동맥)

4. 오른발을 내디디며 상대의 대동맥을 타격한다.

태극도법 8수(명치)

5. 유효 거리에서 상대방의 명치를 강하게 찔러 준다.

죽도활용도법 111

태극도법36수 [3]

상대가 좌 허리 치고 들어올 때 허리 막고 상대의 칼을 받아 머리, 허리를 타격하며 인중, 승장을 찔러준다.

1. 상대와 겨눔 자세로 대칙을 준비한다.

태극도법 9수(머리)

2. 오른발을 내디디며 상대의 머리를 타격한다.

태극도법 10수(인중)

3. 한 손 깊게 찌르기로 상대의 인중을 찔러준다.

태극도법 11수(승장)

4. 한 손 깊게 찌르기로 상대의 승장을 밀어 찔러준다.

태극도법 12수(허리)

5. 오른발을 내디디며 상대의 허리를 타격한다.

목도활용도법

태극도법36수 [4]

몸을 향해 찔러 들어오는 상대의 칼을 몸을 비켜 피하며 하단으로 제쳐내고 들어가 상대의 풍시혈, 위중혈, 승산혈 손목을 베어낸다.

1. 상대와 겨눔 자세로 대적을 준비한다.

태극도법 13수(풍시혈)

2. 오른발을 내디디며 상대의 허벅지를(풍시혈) 베어낸다.

태극도법 14수(위중혈)

3. 오른발을 내디디며 상대의 뒷무릎을(위중혈) 베어낸다.

태극도법 15수(승산혈)

4. 무릎앉아 자세로 상대의 발목(승산혈) 베어낸다.

태극도법 16수(손목)

5. 상대가 칼을 상단 자세로 전환하면 상대의 앞 손목을 벤다.

목도활용도법

태극도법36수 [5]

손목을 베고 들어오는 상대의 칼을 좌하단 틀어 걷기로 빠지며 제쳐 막고 오른팔 곡지와 오리혈, 목, 미간을 강하게 베어낸다.

1. 상대의 겨눔 자세로 대적을 준비한다.

태극도법 17수(곡지)

2. 상대가 반격할 틈을 주지말고 빠르게 곡지혈을 베어낸다.

대극도법 18수(오리혈)

3. 밀어 들어가 상대방의 팔을 (오리혈) 강하게 베어낸다.

태극도법 19수(목)

4. 밀어 들어가 상대방의 목을 강하게 베어낸다.

태극도법 20수(미간)

5. 상대 쪽으로 들어가며 미간을 강하게 내려 벤다.

전환활용도법 1

태극도법36수 [6]

대적 상태에서 상대의 칼을 좌로 제치고 전환하여 들어가 근거리에서 뒷머리 뇌호혈과 풍부혈, 견봉혈, 명문혈을 베어낸다.

1. 상대와 겨눔 자세로 대적을 준비한다.

▎태극도법 21수(뇌호혈)▎

2. 왼발을 끌어와 자세를 잡고 상대의 뒷머리를(뇌호혈) 베어낸다.

▎태극도법 22수(풍부혈)▎

3. 왼발을 끌어와 자세를 잡고 상대의 뒷목을 (풍부혈) 베어낸다.

▎태극도법 23수(견봉혈)▎

4. 왼발을 끌어와 자세를 잡고 상대의 등 날개뼈를(견봉혈) 베어낸다.

▎태극도법 24수(명문혈)▎

5. 왼발을 끌어와 자세를 잡고 상대의 등을(명문혈) 베어낸다.

전환활용도법 11

태극도법36수 [7]

자신의 칼을 뒤로 빼 상대방에게 칼이 보이지 않게 하고 손목을 치고 들어오는 상대의 칼을 좌측 하단으로 제치며 전환하여 근접거리로 들어가 상대의 허벅지 위 은문혈과 위중혈을 베어내며 낭심혈, 오리혈을 타격한다.

1. 뒤로 거리에서 상대의 대칭 자세로 선다.

태극도법 25수(은문혈)

2. 왼발을 끌어와 자세를 잡고 상대의 허벅지 위를(은문혈) 베어낸다.

태극도법 26수(위중혈)

3. 왼발을 끌어와 무릎앉아 자세로 상대의 무릎 뒤(위중혈) 베어낸다.

태극도법 27수(낭심혈)

4. 균형을 잃은 대적 상대의 낭심을 앞차기로 타격한다.

태극도법 28수(오리혈)

5. 상대의 측면으로 틀어 들어가며 수도로 상대의 팔 상단을 (오리혈) 타격한다.

연격활용도법

태극도법36수 [8]

근거리에서 상단과 하단을 연격하는 상대방의 칼을 천광 막기와 빠른 보법을 이용해 막고 상대의 머리 백회혈을 베어내고 명치혈, 족기문혈로 타격하고 단중혈을 밀어 찬다.

1. 근거리에서 상대와 대적자세로 선다.

태극도법 29수(백회혈)

2. 빠르게 전진하며 상대의 머리를(백회혈) 베어낸다.

태극도법 30수(명치혈)

3. 상대의 칼을 막고 가슴을 (명치혈) 발로 타격 한다.

태극도법 31수(족기문혈)

4. 상대의 칼을 막고 허벅지(족기문혈) 찍어 차기로 타격한다.

태극도법 32수(단중혈)

5. 상대의 칼을 막고 가슴을(단중혈) 옆차기로 밀어 찬다.

진검활용도법

태극도법36수 [9]

근거리에서 대적 상대에게 수평발도하여 상대와의 거리를 만들어주고 머리를 공격해 들어오는 상대의 칼을 막고 목(대동맥)을 베어낸다.

1. 자연체로 편하게 선다.

▌태극도법 33수(수평발도) ▌

2. 오른발 나아가며 수평으로 발도한다. 검의 끝은 상대의 눈을 겨눈다.

▌태극도법 34수(내려베기빌도) ▌

3. 칼을 내려 뽑아 상대의 목을(대동맥) 베어 낸다.

▌태극도법 35수(올려베기) ▌

4. 상체를 세우며 칼을 올려 벤다. 칼 끝은 상대를 향해 있어야 한다.

▌태극도법 36수(찌르기) ▌

5. 상대의 목을 향해 강하게 찔러준다. 이때 상체도 따라가 힘을 더한다.